이제
지구는
망한
걸까요?

10대 이슈톡 ❻
Teenage Issue Talk

기후 위기

이제
지구는
망한 걸까요?

글라이더

윤정훈 지음

머리말

"아니, 그럼 지구는 이제 망한 걸까요?"

나날이 심각해져 가는 기후 위기 상황을 보면 이런 말이 절로 나옵니다. 특히 2023년 올해 여름은 진짜 진짜 더웠죠? 실제로 올 7월은 기상 관측 사상 최고 기온을 기록했습니다. 농담이 아니라, 텍사스에서는 우체통 안에서 빵도 구워진다고 해요. 밀가루를 반죽해 우체통 안에 넣어 놓으니 45분 만에 짠, 하고 포슬포슬한 빵이 완성되었다고 합니다. 5년 전만 해도 기후 변화니 기후 위기니 기후 재앙이니 하는 말들이 가끔씩 보였는데, 이제는 거의 매일 전 세계에서 폭염, 홍수, 가뭄, 태풍에 관한 기사들이 수도 없이 쏟아지고 있습니다.

얼마 전에 미 항공 우주국NASA의 과학자는 이런 말을 했대요. "여러분의 남은 인생 중 올해가 가장 시원한 여름이 될 것입니다." 이렇게 뜨거웠던 올해 여름이 제일 시원하다뇨. 사실이 아니라고 믿고만 싶습니다. 하지만 기후 변화는 이미 시작되었고, 지금 한창 자라나는 청소년 여러분이 어른이 될 즈음에는 그 피해를 고스란히 받을 것이라고 합니다.

그렇다면 기후 위기는 왜 생긴 걸까요? 과학적인 원인이 규명되었다면서 왜 해결하지 못하고 있는 걸까요? 석탄, 석유, 천연가스 같은 화석 연료를 태워 에너지를 만들고, 으싸으싸 경제를 굴리느라 기후 위기가 초래된 것은 이미 한참 전부터 모두가 알고 있는 사실입니다. 다이어트가 시급하면서도 "내일부터 해야지" 하며 떡볶이를 시키는 사람처럼, 인류는 기후 위기의 원인과 해결책을 잘 알면서도 도통 문제를 해결하지 못하고 있습니다. 편리한 가전제품부터 자동차, 휴대폰, 아이패드 그리고 클릭만 하면 집 앞에 배송되는 물건들까지, 일상에서 화석 연료 없이 가능한 것이 거의 없기 때문이지요. 온실가스를 배출하는 탄소 기반의 생활 방식이 우리 삶에 너무도 깊숙하게 자리 잡고 있습니다.

그래서 요즘은 개인의 일상생활에서 탄소 발자국을 줄이자는 이야기가 종종 나옵니다. 여러분도 많이 들어 보셨을 거예요. 편의성을 조금 포기하고 자가용 대신 대중교통을 이용하고, 냉난방 온도를 1도씩 높이거나 낮추고, 고기 소비를 자제하자는 잔소리(?)가 사방에서 들리죠. 로빈슨 크루소처럼 사는 것이 아닌 이상 에너지를 아예 안 쓸 수도, 탄소 발자국을 아예 안 남길 수는 없으니 조금씩이라도 힘을 보태자는 겁니다.

개개인의 노력만으로는 부족합니다. 정말 눈에 띄는 변화를 가져오려면 정부의 대대적인 정책이 꼭 필요합니다. 그것도 세계 모든 국가의 정부가 힘을 모아 일관성을 갖고 적극적으로 노력해야 하죠. 더 큰 재앙이 찾아오기 전에 한 국가도 빠짐없이 참여해 온실가스 배출량을 줄여야 합니다. 줄이는 것에 그치지 않고 완전히 제로(0)로 만들어야 지구의 기온이 평형을 찾을 수 있거든요. 그러나 뺀질이들만 모인 조별 과제처럼, 오늘날 기후 위기에 대처하는 각국 정부의 노력은 기대에 한참 못 미치고 있습니다. 사실 화석 연료를 소비하는 모든 활동이 기후의 적이지만, 국가 경제의 측면에서 보면 성장을 이끄는 동력원이 되었으니 하루아침에 내칠 수도 없는 노릇이지요.

그렇다고 포기할 수는 없습니다. 개인의 의지와 노력만으로 해결되는 건 아니지만, 정부와 대기업이 시민과 소비자의 눈치를 보며 변화를 이루어 나갈 수 있도록 눈을 부릅뜨고 감시해야 합니다. 기성세대 중에는 아직 기후 위기에 대해 잘 모르는 사람도 많습니다. 그래도 여러분만큼은 기후 위기를 공부하고, 실천하고, 이야기할 수 있으면 좋겠습니다. 재미있고 신나는 주제는 아니지만 그만큼 여러분의 삶에 엄청난 영향을 미칠 주제이니까요. 개개인의 의지가 모여 사회 전체가 바뀔 수 있으려면 결국 좋은 정치인을 뽑고 좋은 기업의 제품을 사 주는 어른들이 많아져야 합니다. 여러분이 그런 어른으로 자랄 수 있으면 좋겠습니다. 위기 가운데도 성장할 수 있는 산업을 보는 눈을 키우고, 나빠진 환경 속에서도 약자를 배려하는 사람으로 자라나면 좋겠습니다. 기후 위기가 닥쳐온 건 청소년들의 탓은 아니지만, 위기가 재앙이 되지 않도록 막을 수 있는 건 청소년들이라는 사실을 꼭 기억하길 바랍니다.

2023년 가을의 초입에
윤정훈

차례

2장. 범인은 바로 너!

3장. 세상에서 가장 어려운 조별 과제

4장. 나 하나쯤이야? 나 하나부터!

5장. 우리가 살아갈 세상은

1장

이제 지구는 망한 걸까요?

1

이게 지난 2년간
일어난 일이라고?

페라리가 물에 잠긴 날

여러분도 포르쉐나 페라리 같은 슈퍼카에 관심이 있나요? 수억 원대의 근사한 차를 소유할 수만 있다면 저절로 어깨에 힘이 빡 들어갈 텐데 말이에요. 그런데 작년 여름에 서울 강남에서 멀쩡한 차들이 한두 대도 아니고 무려 1,000대 가까이 침수되는 사태가 벌어졌던 것 기억하시나요? 물난리 때문에 5억 원대의 페라리는 물론, 벤츠 S클래스며 벤틀리 등 초고가 차들이 물에 잠기는 초유의 사태가 발생했습니다.

여름철 물난리에 침수된 자동차들

여름철 비가 많이 오는 건 어느 정도 예상할 수 있지만, 이게 대체 무슨 일일까요?

그러고 보면 요즘 폭우나 폭염, 가뭄과 홍수, 태풍 등 기상이변에 관한 뉴스가 심심찮게 등장합니다. 특히 올해 7월은 참 굉장했습니다. 7월의 어느 월요일, 세계 언론에서는 이제까지 기록된 가장 더운 날이었다고 대서특필합니다. 그런데 이게 웬일인가요. 바로 다음 날인 화요일, 지구의 기온은 그 기록을 경신

합니다. 그리고 같은 주 목요일, 그 신기록은 또 한 번 경신되고요. 일주일 동안 무려 세 번이나, 관측 사상 최고 기온을 갈아치운 겁니다. 뭔가 잘못되어도 단단히 잘못된 게 틀림없어요.

이 잘못의 범인으로 지목받은 건 바로 전 세계적으로 심각해져 가는 '기후 변화'입니다.

태풍, 홍수, 가뭄, 폭염··· 종합폭탄세트를 소개합니다

문제는 홍수뿐만이 아닙니다. 2021년 여름, 북미 바닷가에서는 기괴한 광경을 볼 수 있었습니다. 폭염 때문에 조개, 홍합, 불가사리 등 바다 생물들이 떼죽음을 당한 건데요. 너무 더운 나머지 마치 찜통 속에 넣은 듯 '익어서' 입을 벌린 채 죽어 있었다고 해요. 이렇게 때아닌 죽음을 맞은 생물들의 개체수가 무려 10억에 달하는 것으로 추정됩니다.

추리물을 좋아하는 친구라면 이런 뉴스도 기억에 남을 거예요. 미국 네바다 주는 수년째 극심한 가뭄으로 몸살을 앓고 있는데, 작년 여름엔 라스베이거스 근처의 호수가 모두 말라 버

기후 변화로 빈번해지는 자연재해

리는 바람에 호수 바닥에서 신원을 알 수 없는 시체들이 다수 발견되었다고 합니다. 미국 범죄 드라마 〈CSI: 라스베이거스〉 속에 나오는 이야기도 아닌데 말이죠.

이처럼 최근 1~2년간만 보더라도 홍수, 폭염, 가뭄 등 이상 기후로 인한 기이한 사건들이 셀 수 없이 많이 일어났습니다. 기후 변화 때문에 매년 곤충의 1~2퍼센트가 멸종하고 있고, 매일 12종의 생물이 지구상에서 사라지고 있다고 하니 인간만의 문제도 아니죠.

이렇듯 기후 변화라 함은 단지 지구 온난화, 즉 기온의 상승만을 말하는 것이 아닙니다. 지구의 기온이 올라가면서 기류와 해양의 흐름도 변하고 폭우와 홍수도 더 잦아집니다. 다른 곳에서는 반대로 가뭄과 물 부족에 시달리고 태풍은 예전보다 한층 더 강력해졌죠. 동식물의 서식지도 파괴되고 있고요. 여름철 소중한 피를 빨아먹는 모기나 좀 사라지면 좋으련만, 기온 상승으로 살충제 내성이 생긴 데다 질병 바이러스까지 탑재하고 돌아다닌다고 합니다. 날이 더워지면서 자연재해와 온열 질환, 바이러스성 질병까지 줄줄이 사탕으로 이어진다는 소리죠. 그야말로 종합선물세트가 아니라 종합'폭탄'세트 아닌가요?

왜 기후 '변화'가 아니라 기후 '위기'라 부를까?

그래서인지 예전에는 '지구 온난화'라고들 했는데, 시간이 지나면서 '기후 변화'라는 용어를 더 많이 사용합니다. 더 이상 지구가 더워지는 것만이 문제는 아니니까요. 용어가 뭐가 그리 중요한가 싶겠지만, 사실 같은 현상도 어떻게 부르느냐에 따라 사람들이 받아들이는 자세가 달라지거든요. BTS의 '뷔'와 '김태형'이 주는 느낌이 다른 것처럼요.

그런데 최근 1~2년 사이에는 사람들이 기후 변화 대신 기후 '위기'라는 말을 더 많이 쓰게 되었습니다. 다소 중립적인 느낌의 기후 변화와는 달리 기후 위기는 말 그대로 위기감이 느껴지잖아요. 뭔가 조치를 취하지 않으면 큰일이 나겠다는 긴장감이 생기죠. 비슷한 맥락으로 얼마 전에 UN은 더 이상 '지구 온난화global warming'가 아니라 '지구 열대화global boiling'의 시대가 왔다고 선언했습니다. 열대라고 하면 낭만적으로 야자수를 떠올리는 친구들도 있을 텐데, 영어로 읽어 보면 좀 더 직관적입니다. 보일링boiling, 즉 보글보글 끓는다는 소리니 낭만과는 거리가 멀죠.

위기가 맞기는 한가 봅니다. 최근에 영국의 한 대학에서 세계 10개국 1만 명을 대상으로 설문조사를 했거든요. 응답자는 16세에서 25세까지 정말 꽃다운 나이의 젊은이들이었죠. 그런데 결과가 참 암담합니다. 무려 75퍼센트의 사람들이 기후 변화 때문에 '미래가 두렵다'라고 대답했고요. 과반수인 56퍼센트는 기후 변화 때문에 '인류가 망했다고 생각한다'라고 답했

고, 40퍼센트는 기후 변화 때문에 '아이를 낳고 싶지 않다'라고
했습니다.

그만큼 많은 사람이 기후 위기의 심각성을 깨닫고 우려하고
있다는 소리겠지요. 그런데 이런 의문도 듭니다. 혹시 언론에서
우리 몰래 과장하는 건 아닐까요? 과연 객관적으로 얼마나 심
각한 걸까요?

"
토론거리

최근 기후 변화가 원인이 되는 자
연재해의 사례를 몇 가지 생각해
보고, 앞으로 어떤 방향으로 피
해가 심각해질지 예측해 봅
시다.

2

1도 더워지는 건
별겄 아니라고?

1도는 별겄 아니라고?

그거 아세요? 이제까지 기록된 가장 더운 해를 1등에서 10등까지 쭉 나열해 보면, 열 번이 모두 지난 10년 동안 발생했습니다. 그러니까 지난 10년이 인류 역사상 가장 더운 10년이었다는 거죠. 우연으로 보기에는 너무 이상합니다.

기후 변화 때문에 예전보다 날씨가 더워졌다는 말들은 참 많이 합니다. 그런데 과연 정확히 몇 도나 더워졌을까요? 5도, 아니면 10도? 그리고 '예전보다'라니, 언제와 비교해야 하는 걸

지구의 기온은 얼마나 변한 걸까?

까요? 한 2000년도쯤이랑 비교하면 될까요? 아니면 훨씬 더 옛날로 거슬러 올라가서 조선 시대랑 비교해야 할까요?

우선 기후가 변하기 시작한 건 산업화 이후입니다. 증기 기관이 발명되고 기차와 공장이 칙칙폭폭 연기를 뿜기 시작한 산업 혁명, 기억하시죠? 그때가 기후 위기의 씨앗이 뿌려진 때라고 볼 수 있어요. 그래서 '더워졌다'라고 할 때는 '산업화 이전에 비해 더워졌다'라고 해야 더 정확한 거죠.

아무튼 그래서 산업화 이전과 비교해 보았을 때, 현재까지 지구의 평균 기온은 약 1도 정도 올랐습니다.

엥? 1도밖에 안 올랐다고요? '생각보다 괜찮은데…?'라고 생각하는 친구들 분명히 있을 거예요. 사실 한여름 낮에 최고 기온이 33도든 34도든 덥기는 매한가지니까요. 수박바를 입에 물고 에어컨 리모컨을 찾게 되죠.

그런데, 안타깝게도 그게 절대로 아닙니다. 약 1만 년 전부터 현재까지 지속되고 있는 기간을 어려운 말로 '현세' 또는 '홀로세Holocene'라고 하는데요, 마지막 빙하기가 끝나고 지구가 따뜻해진 시기를 가리킵니다. 이 기간 동안 물론 지구의 기온은 조금씩 오르락내리락했지만, 1도 내외로 변화가 일어났고 그것도 느릿느릿 점진적으로 일어났습니다. 지금 1도밖에 안 올랐다고 하지만, 그 변화는 산업화 이후 200년 동안의 일입니다. 45억 년이 넘는 기다란 시간의 띠 중 찰나에 불과한 고작 200년 동안, 인간은 기후를 전무후무하게 빠르게 교란시키고 있다는 것이죠. 등골이 오싹해지지 않나요?

과거의 기후를 아는
방법: 빙하 코어

뉴스를 보면 가끔 궁금해집니다. 지구 역사상 이렇게까지 기온이 오른 게 처음이라고 하는데, 대체 그걸 어떻게 아는 걸까요? 물론 최근에는 사람들이 온도를 재고 기록한 데이터가 그대로 남아 있지만, 하다못해 조선 시대로만 거슬러 올라가도 평균 기온이 몇 도였는지 도대체 어떻게 아느냐 말입니다. 누군가 거짓말을 하는 게 아니란 걸 어떻게 알 수 있을까요?

다행히 과학자들이 이용할 수 있는 유용한 자료가 있습니다. 바로 '빙하 코어'라고 하는 건데요, 남극이나 북극에 있는 두꺼운 빙하를 캐내서 이걸 연구하는 거예요. 극지방의 빙하는 아주아주 두꺼워서 무진 장 오랜 시간 동안 천천히 만들어진 거거든요. 그러니까 표면에서 멀어질수록 먼 과거에 내린 눈이 쌓여 만들어진 얼음이란 거죠. 그 얼음의 성분을 분석하면 얼음이 만들어진 당시 대기의 구성 성분을 알 수 있기 때문에, 이 정보를 이용해 온도를 추정할 수 있습니다. 지금까지 캐낸

얼음에 담긴 지구의 역사

빙하 코어에서 발견된 가장 오래된 얼음은 무려 74만 년 전의 것이라고 하니 정말 신기하죠?

　다음의 그래프는 빙하 코어에서 추출한 데이터를 가지고 지난 2000년간의 기후를 추정한 것입니다. 최근의 온난화가 얼마나 심각한지 한 눈에 보여 주는 소중한 자료죠. 게다가 향후 온도가 어떻게 변할지 컴퓨터 모델링을 해 보면 아무런 조치도 취하지 않는 경우 어마어마

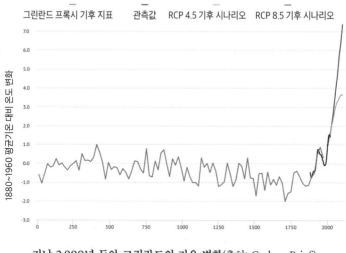

그린란드 프록시 기후 지표　　관측값　RCP 4.5 기후 시나리오　RCP 8.5 기후 시나리오

지난 2,000년 동안 그린란드의 기온 변화(출처: Carbon Brief)

한 변화가 닥칠 것도 예측할 수 있습니다. 자연스러운 지구의 순환에서 얼마나 크게 벗어났는지 알 수 있지요.

　그래서 빙하가 녹는 일은 단순히 얼음이 사라지는 것 이상의 의미를 지닙니다. 최근 〈워싱턴 포스트〉에서 보도한 바에 따르면, 2100년까지 그린란드의 얼음이 무려 36조 미터톤이나 녹을 수 있다고 합니다. 지구 역사를 그대로 간직한 거대한 도서관과 같은 빙하 코어인데, 이 위대한 도서관이 허무하게 녹아서 없어져 버린다니 참으로 안타깝기만 합니다.

　더군다나 북극해 바닥에는 메탄 하이드레이트라는 침전물 층이 있는데, 북극해 빙상이 사라지면서 거기서 광범위하게 메탄이 방출되고 있다는 사실이 관찰되고 있습니다. 아주 강력한 온실가스인 메탄이 이렇게 방출되어 버리면 지금보다도 온난화가 훨씬 더 가속화될 수 있거든요. 빙하가 녹으면 얼음이 사라지고 해수면이 상승하는 문제도 있지만, 이렇게 생각지도 못한 다른 문제들도 줄줄이 딸려올 수 있습니다. 지구의 역사를 고스란히 담고 있는 빙하 코어를 잃어버리는 것도, 메탄 하이드레이트 층에서 메탄이 대규모로 방출되는 것도 간담이 서늘해지는 일입니다.

6도의 악몽

아무튼 그래서 1도가 오른 게 생각보다 엄청난 일인데요, 사실 1도, 1도는 지구의 생명줄이나 다름없습니다. 마크 라이너스라는 분이 2007년에 쓴 《최종경고: 6도의 멸종》이라는 책이 있습니다. 제목에 '6도'가 들어가는 이유는 지구 기온이 6도쯤 올라가면 게임이 끝나기 때문입니다.

이 책을 보면 지구 평균 기온이 1도씩 오를 때마다 벌어지는 끔찍한 일들이 생생하게 그려집니다. 무슨 재난 영화같이 말이에요. 1도가 상승하면 지구에 살고 있는 산호초의 약 70퍼센트가 죽을 것이고, 해양 온난화로 허리케인이 더 세게 더 자주 올 것이라고 예측합니다. 이 책이 출간된 지 좀 오래되다 보니, 그때만 해도 가상의 시나리오였지만 이제는 우리에게 이미 친숙한 이야기가 됐습니다. 진짜로 지금 일어나고 있는 일이니까요.

지구 평균 기온이 2도가 상승하면 빙하가 녹는 속도가 2배가 될 것이고, 북극의 그린란드 빙하는 모조리 녹아서 사라질 것이라고 해요. 빙하가 녹으면 어떻게 될까요? 엄청난 양의 물이 바다로 쏟아지니 해수면이 상승하겠죠? 그 영향으로 세계

점점 올라가는 지구의 기온

의 주요 도시가 침수될 것이며, 북극곰은 살 곳이 없어 아마도 멸종할 것이라고 합니다. 실제로 2022년은 연속으로 26년째 그린란드 얼음이 줄어든 해거든요. 이렇게 쭉쭉 줄어들다 보면 언젠가는 소멸하게 되겠지요.

평균 기온이 3도가 상승하면 아마존 열대우림 지역이 완전히 말라 버릴 것이고, 그로 말미암아 수많은 동식물이 멸종하며 북극의 빙하는 약 80퍼센트 소멸할 것이라고 합니다. 4도가 상승하면 해수면이 무려 약 50센티미터 상승할 것입니다. 맨해튼, 런던, 상하이, 방콕 등 우리가 사랑하는 수많은 도시가 찬찬히 침수될 것이고요.

5도가 상승하면 지구상의 모든 빙하와 열대우림이 완전히 소멸해 더 이상 우리가 아는 지구의 모습이 아닐 것이라고 합니다. 지금 지구를 찍은 위성 사진을 보면 대륙의 모습과 파란 바다, 하얀 얼음을 볼 수 있잖아요? 더 이상 그런 모습을 찾아볼 수 없다는 거죠.

마지막으로 6도가 상승하면 말 그대로 '게임 오버'입니다. 인류와 동식물이 살아가던 지구 생태계는 붕괴되고 대멸종이 일어나는 디스토피아가 펼쳐집니다. 그러니 이미 1도가 올랐다는 사실은 결코 가볍게 넘길 일이 아니란 걸 알겠지요?

어디까지 더워질까? 1도? 2도? 10도?

이쯤 되면 6도의 악몽 중 우리는 어디쯤으로 향해 가고 있나

궁금증이 생깁니다. UN 산하의 국제 기상 기구IMO에 따르면, 지금대로 별다른 조치 없이 쭉 가다 보면 2100년경에는 섭씨 3~5도가량 오를 것이라고 합니다. 아, 아까의 시나리오에서도 3도 이상 오르는 건 정말 무서웠는데, 3~5도가 오른다니요. 이를 어쩌면 좋죠?

더 나쁜 뉴스도 있습니다. 이건 단순히 지구 '평균'의 수치라서 그나마 상대적으로 나은 지역이 있는가 하면 훨씬 심각한 지역도 있을 수 있어요. 현재까지 1도 올랐다고는 하지만 한국 수도권의 경우 이미 1.5도, 유럽은 2도 가까이 올랐고 극지방은 2.6도까지 올랐거든요. 2100년이 되면 극지방은 무려 8도 이상 오를 수도 있다고 하니 어떤 상황인지 짐작이 가죠.

지구 기온이 이렇게까지 급변한 적이 없다 보니, 세계적으로 유명한 기후학자들조차 기온 상승 폭이 실제로 2도를 넘어갔을 때 무슨 일이 벌어질지 정확히는 잘 모릅니다. 특히 예상보다 훨씬 더 빠른 속도로 지구가 변해 버릴 수도 있다는 게 문제예요. 온난화가 온난화를 불러오기 때문인데요, 이게 대체 무슨 말일까요?

기후 변화를 앞에 둔 미래 세대

하얀색이 태양빛을 반사하는 것 알고 계시죠? 압둘라 같은 아랍인들이 사막에서 하얀 옷을 입고 다니는 이유죠. 그런데 극지방의 눈 덮인 빙하도 하얗기 때문에 이제까지 태양빛을 반사해 주는 역할을 했습니다. 지구 기온이 올라가는 걸 막아 주고 있었단 얘기죠. 그런데 빙하가 다 녹아 버리면 어떻게 될까요? 검푸른 바다만 남을 텐데 그러면 태양빛을 더 많이 흡수해 온난화가 가속화되어 버립니다. 더운 여름날, 까만 옷을 입고 땀을 뻘뻘 흘리는 것처럼 말이에요. 온난화 때문에 빙하가 녹았는데 빙하가 녹는 바람에 온난화가 더 심해지니 그야말로 악순환이죠.

2100년쯤 되어서야 3도가 오를 줄 알았는데 그 시기가 훨씬 더 앞당겨질 수도 있다는 말이에요. 실제로 최근에 AI의 예측에 따르면, 이미 2050년에 2도 이상 온도가 오를 확률이 절반에 가깝다고 합니다. 여러분이 어른이 되고 가족을 꾸리고 사회에서 자리를 잡았을 때 이미 지구의 기온은 견딜 수 없이 더워져 있을지도 모릅니다. 어떡하죠? 이제 지구는 망한 걸까요?

"
토론거리

지구의 평균 기온이 올랐다는 사실을 알고 있었나요? 알고 있었다면 몇 도나 올랐다고 생각했나요? 주변 친구들과 함께 공유해 봅시다.

2장

냄인은
바로 너!

1

대체 왜
더워진 걸까?

지구라는 욕조에 물을 받으면

지구를 커다란 욕조라고 생각해 봅시다. 이 욕조에는 원래 어
느 정도 찰랑찰랑 물이 차 있었어요. 이 물이 바로 온실가스입
니다. 이산화탄소를 비롯한 여러 온실가스는 마치 지구를 따뜻
하게 덮어 주는 이불과 같아서 태양빛 일부를 가둬 적정한 온
도를 유지하는 역할을 합니다.

태양계의 다른 행성들과 다르게 온실가스 덕분에 인간을 비
롯한 수많은 동식물이 지구에서 번성한 것이죠. 너무 덥지도

춥지도 않고 딱 살기 좋았으니까요. 과학 시간에 배운 것처럼 이를 '온실 효과'라고 불러요. 원래 지구라는 욕조는 이렇게 수면이 일정하게 유지되고 있었습니다.

만약에 수도꼭지를 틀어 물이 콸콸 쏟아지면 어떻게 될까요? 당연히 수면은 올라가게 됩니다. 온실 효과가 강해져 기온이 상승하게 되는 거죠. 그런데 지금 지구의 모습이 꼭 물이 틀어져 있는 욕조와 같습니다. 지금 이 순간에도 물은 계속 쏟아지고 있어요. 그러니 기후 변화가 진행되고 있는 거죠. 그러면 왜 느닷없이 온실가스가 대기 중으로 쏟아지고 있는 걸까요?

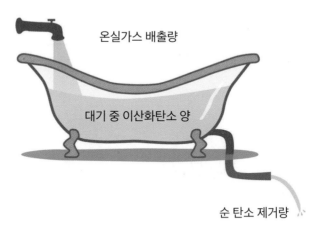

지구라는 욕조에 물을 받으면

석탄, 석유, 천연가스… 공통점은?

이유는 단순합니다. 현대인들이 살아가는 방식 때문이에요. 여러분의 하루를 마음속에 그려 보세요. 아침에 일어나서 가득 충전된 휴대폰을 확인하고, 가스레인지나 전기 인덕션으로 조리된 아침을 먹습니다. 공장에서 제조된 옷과 신발을 착용하고, 전기로 가는 엘리베이터를 탑승하고, 자동차를 타고 이동하죠. 뭔가를 할 때 에너지를 쓰지 않는 행위는 거의 없습니다.

화석 연료

석탄   석유   천연가스

케로젠   프로판

여러 가지 화석 연료

에너지는 어떻게 만들어질까요? 자동차나 선박, 비행기를 움직이게 하려면 석유가 필요합니다. 난방이나 요리에는 천연가스를 많이 쓰고요. 전기는 발전소에서 석탄이나 천연가스를 태워 만들어집니다. 요즘 한국에서는 그만큼 많이 쓰지는 않지만 프로판 가스나 케로젠 연료를 태워 에너지를 만드는 인구도 지구상에 아직 많이 있고요. 이러한 에너지원들의 공통점은 바로 탄소C입니다. 주원료가 탄소로 이루어져 있다는 거예요.

C+O₂=CO₂, 세상 단순한 화학 공식

이렇게 일상에서 소비하는 석탄, 석유, 천연가스를 '화석 연료' 라고 부릅니다. 화석 연료는 옛날 옛적 동식물이 죽으면 오랜 시간 땅속에서 꾹꾹 눌러져 화석화된 것인데요. 이것을 태우면 에너지를 만들 수 있다는 사실을 발견한 사건이 바로 산업 혁명입니다. 칙칙폭폭 요란한 소리를 내던 증기 기관차도 뒤에서 열심히 석탄을 퍼서 태우는 화부들이 있었지요.

이후로 약 200년간 인간은 전 세계에서 바지런하게 땅을 파 화석 연료를 캐다가 공장도 돌리고 전기도 만들고 자동차도

굴렸습니다. 그런데 탄소가 주재료인 화석 연료를 태우면 산소를 만나 이산화탄소가 만들어진다는 사실! $C + O_2 = CO_2$, 너무도 단순한 화학 공식인데요. 문제는 이산화탄소가 아무런 대책 없이 대기 중으로 뿜뿜 뿜어져 나왔다는 사실이죠. 수도꼭지에서 이산화탄소가 쏟아지자 물이 차오르기 시작한 겁니다.

욕조에는 조금씩 물이 빠져 나가는 구멍이 있기는 합니다. 이것은 자연적으로 온실가스가 흡수되어 사라지는 걸 의미해요. 숲이나 바다, 토양 등은 이산화탄소를 빨아들이니까요. 제일 쉬운 사례로는 이산화탄소를 사용해 광합성하는 식물들이 있겠지요. 하지만 수도꼭지를 틀었다고 구멍이 갑자기 넓어지는 건 아니므로 별 수 없이 물은 찰랑찰랑 욕조를 채우기 시작합니다. 물을 잔뜩 틀어 놓고는 '어? 왜 욕조에 물이 점점 높이 차오르지?'라고 생각하는 사람은 없겠죠?

그럼 현재까지 물이 얼마만큼이나 차올랐을까요? 1937년에는 대기 중 이산화탄소 농도가 280ppm이었습니다. 그런데 2020년에는 무려 415ppm까지 치솟았어요. 즉, 처음보다 1.5배나 많아졌다는 거죠. 이런 상황에서 지구가 멀쩡하길 바라는 게 더 우습지 않나요?

이산화탄소? 온실가스?
뭐가 다른가요?

기후 변화에 딱히 관심이 없더라도 '온실가스 배출량'이니 '이산화탄소 배출량'이니 '탄소 배출량'이니 하는 말은 들어봤을 겁니다. 그런데 뭔가 배출되는 것은 알겠는데 왜 이런저런 말을 섞어 쓰는지 이해가 잘 안 가서 당황스러울 거예요.

일단 지구를 따스하게 만들어 주는 온실가스로는 대표적으로 이산화탄소가 있지만, 사실 이산화탄소가 아닌 다른 기체들도 열을 가두는 역할을 할 수 있습니다. 하다못해 우리가 잘 알고 있는 수증기도 온실효과를 야기할 수 있거든요. 공기가 습할 때 열을 더 잘 가두는 건 장마철 여름날을 생각해 보면 직관적으로도 이해할 수 있어요. 그러나 수증기는 대기 중에 머무르는 시간이 짧아 대기 중에 축적되지는 않습니다. 우리가 관심을 두어야 할 녀석들은 인간이 인위적으로 만들어낸, 그리고 대기 중에 점점 쌓여 가는 기체들입니다.

제일 대표적인 온실가스는 이산화탄소입니다. 이산화탄소가 왜 제일 유명(?)하냐 하면, 전체 온실가스 배출량의 80퍼센트를 차지할 만큼 덩치가 클 뿐더러 우리가 규제할 수 있는 대상이기 때문입니다. 탄소 기반의 화석 연료를 태우기 시작하면서 기하급수적으로 배출량이 늘어났던 것이 바로 이산화탄소잖아요. 당장 줄일 수 있고 줄여야 하는 대상이기 때문에 '이산화탄소 배출량'이 '온실가스 배출량'과 거의 동의어처럼 사용되고 있는 겁니다.

그다음으로 주목해야 할 녀석은 고약한 냄새로 악명 높은 메탄입니다. 메탄은 이산화탄소에 비해 배출량이 그렇게 크지는 않지만, 문제는 이산화탄소보다 온실 효과를 매우 크게 일으킨다는 사실입니다. 온실가스가 지구를 따스하게 덮어주는 이불과 같다고 하면, 메탄은 이산화탄소보다 두꺼운 담요와 같다는 거죠. 이산화탄소에 비해 얼마나 두꺼운 이불인지 알려주는 수치를 지구온난화지수Global Warming Potential, GWP라고 하는데, 메탄은 이산화탄소보다 GWP가 25배나 크답니다. 메탄은 가축의 분뇨와 트림, 음식물 쓰레기 등에서 발생하고 천연가스의 주성분이기 때문에 가스 개발이나 운송에서도 항상 주요한 문제로 등장합니다. 화석 연료와도 뗄 놓을 수 없는 관계라는 걸 알수 있지요.

그 외에 사람들이 줄이자고 노력하는 온실가스에는 이산화질소 N2O, 수소불화탄소HFCs, 과불화탄소PFCs, 그리고 육불화황SF6이 있습니다. 앞서 말한 이산화탄소와 메탄을 합치면 총 여섯 종류의 기체가 관리 대상으로 정해져 있는 셈이죠. 이산화탄소와 메탄이 온실가스 배출량 중 90퍼센트를 넘게 차지하고 있기 때문에 나머지 넷은 상대적으

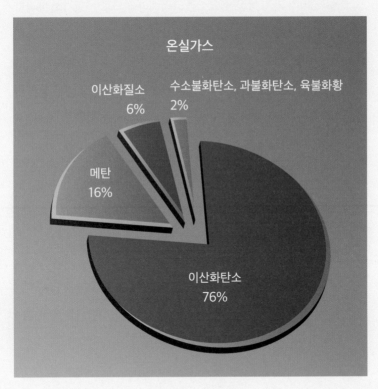

온실가스의 종류

로 관심을 덜 받습니다. 그러나 이 녀석들도 마음을 놓을 수는 없는 것이 엄청 두꺼운 이불이기 때문입니다. GWP 지수로 나타내면 이산화탄소의 300배, 또는 1만 배에 달하기도 하니 아주 적게 방출되더라도 안심할 수 없죠.

이렇게 여러 가지 복잡한 요소를 고려해야 하므로 온실가스 배출량은 이산화탄소를 기준으로 환산하는 것이 일반적입니다. 그러니까 이산화탄소 배출량 또는 탄소 배출량이라고 하면 온실가스 배출량이겠구나 하고 생각해도 틀린 건 아닙니다. 구체적으로 이산화탄소를 지칭하는 경우도 있지만, 대부분 인간이 줄여야 할 배출량 전반을 나타내기 위해 쓰는 개념이니까요.

토론거리

여러분의 생활 습관 중 화석 연료를 쓰지 않는 것이 무엇인지 생각해 보고 함께 나누어 봅시다.
[예: 도보나 자전거로 등하교]

2

510억 톤의
비밀

의외로 간단한 기후 위기의 열쇠

욕조 비유를 이해했다면 기후 위기를 해결하는 열쇠는 사실 간
단하다는 사실을 알 수 있을 거예요. 네, 맞아요. 수도꼭지를 잠
그면 되죠! 즉, 온실가스의 배출을 줄이면 됩니다. 수도꼭지를
잠그지 않으면 욕조는 물이 차오르고 차올라서 넘쳐 버릴지도
모르니까요.

그런데 한 가지 짚고 넘어 가야 할 점은, 수도꼭지를 지금 당
장 잠근다고 해서 물이 쭉 빠져 나가는 건 아니라는 사실입니

다. 이미 수도꼭지에서 쏟아져 나온 물이 어디로 가는 건 아니니까요. 즉, 우리가 열심히 노력해서 온실가스 배출량을 제로 0으로 만든다고 하더라도 여러분이 살아갈 미래는 이미 상당히 더워져 있을 거예요. 하지만 그렇다고 수도꼭지를 잠그려는 노력도 하지 않는다면 정말 인류는 희망이 없습니다. 최대한 줄이는 데까지 줄여 봐야죠.

그러면 이제 수도꼭지에서 나오는 물이 얼마나 많은지, 그리고 도대체 어디서 나오는 건지 하나씩 뜯어 봐야 하겠죠? 그래야 어떻게 잠글지 계획을 세워 볼 수 있을 테니까요.

다 합치면? 510억 톤!

일단 전 세계에서 줄여야 할 온실가스 배출량은 연간 510억 톤입니다. 510억 톤이라니 도무지 감도 안 잡히는 엄청난 숫자죠. 일단 어마어마하게 많은 양이라고 생각하고 넘어갑시다. 도대체 인간은 무슨 짓을 하고 다니기에 이렇게나 많은 양의 온실가스를 대기 중으로 내뿜고 있는 걸까요?

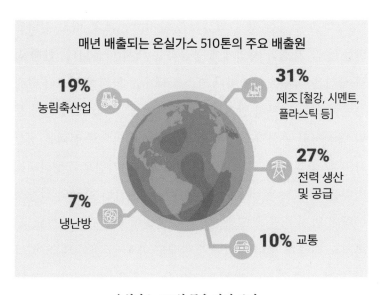

매년 배출되는 온실가스 510톤의 주요 배출원

19% 농림축산업

31% 제조[철강, 시멘트, 플라스틱 등]

27% 전력 생산 및 공급

7% 냉난방

10% 교통

온실가스 510억 톤을 나눠 보면…
(이미지 출처: 빌 게이프 《기후 재앙을 피하는 법》)

일단 약 31퍼센트, 다시 말해 3분의 1 정도는 무언가를 제조하는 데서 나옵니다. 시멘트, 철강, 플라스틱 등등 우리 사회에 꼭 필요한 물건들을 공장에서 뚝딱뚝딱 만들어내는데 이때 온실가스가 배출되거든요. 아파트, 도로, 자동차, 또 편리하기 이를 데 없는 각종 플라스틱 제품들을 떠올려 보면 얼마나 많은 양을 생산하고 있는지 이해하기 쉽지요.

그다음 주자는 약 27퍼센트를 차지하는데요, 바로 전력을 만들어 각 가정과 사업체에 공급하는 데서 나옵니다. 현재 전력 생산은 대부분 석탄이나 가스를 태우는 화력 발전소나 안전 논란이 있는 원자력 발전소에서 이루어집니다. 태양광이나 풍력 발전처럼 온실가스가 배출되지 않는 방식으로 전력을 생산하면 참 좋겠지만, 현재 이러한 신재생 에너지원으로 생산되는 전력은 아주 낮은 비율만 차지합니다. 2021년 한국의 신재생 에너지 발전 비율은 고작 8퍼센트 남짓에 머물렀으니까요. 그마저도 비중이 많이 늘어난 것인데도 아직 갈 길이 멀죠. 따라서 우리가 숨 쉬듯 사용하는 전기는 온실가스와 떼려야 뗄 수 없는 관계입니다.

다음으로 약 19퍼센트의 온실가스는 우리가 먹을 것을 만드는 데 배출됩니다. 목축업이나 낙농업처럼 고기와 유제품을 만드는 과정에서도 배출되고요, 목장과 밭을 만드느라 숲을 밀어버리는 과정에서도 배출됩니다. 숲은 이산화탄소를 꿀꺽꿀꺽 삼켜 주는 역할을 하다 보니, 없어지면 그만큼 온실가스 배출량이 늘어나거든요. 물론 야생 동물의 서식지를 파괴하는 환경 문제도 있고요.

그 외 약 10퍼센트는 교통과 관련 있는데, 휘발유를 사용하는 자가용이나 오토바이뿐만 아니라 화물 트럭이나 선박, 비행기 등이 이에 해당됩니다. 승용차를 이용하는 것은 물론이고 로켓 배송을 주문하고 배달의 민족을 기다리는 편리함이 모두 이와 관련 있다는 말입니다.

끝으로 약 7퍼센트는 냉난방과 관련 있습니다. 우리는 시원해지려고 에어컨을 틉니다만, 역설적이게도 에어컨을 켤 때 필요한 전기 생산과 에어컨에 들어가는 냉매는 지구를 덥게 만들어 버립니다. 추운 날 따뜻하게 보일러를 켜고 물을 데워 온수 샤워를 하는 데도 모두 천연가스나 프로판 같은 화석 연료가 필요하고요.

짠, 하나하나 뜯어 볼 때는 별것 없는 것 같은데, 어느새 이렇게 100퍼센트가 완성되었습니다.

온실가스 배출량을 계산하는 방법

여러분은 평균적으로 성인 한 사람이 하루에 25번이나 방귀를 뀐다는 사실을 알고 있나요? 그 양은 약 1,000㎖ 정도 된다고 합니다. 이런 사실이 알려져 있는 것을 보니 누군가가 방귀 뀌는 횟수와 배출량을 연구했나 봅니다. 방귀와 마찬가지로 온실가스는 눈에 보이지도 않고 잡히지도 않습니다. 그런데 지금 인류가 내뿜고 있는 온실가스 배출량이 얼마큼인지 구체적으로 어떻게 알 수 있을까요? 방귀는 실험 참가자들의 엉덩이에 관을 삽입해 수집됐다고 하는데, 온실가스는 전 세계 공장 굴뚝마다 파이프를 설치할 수도 없고 말이에요.

예상대로 온실가스 배출량을 계산하는 건 결코 만만한 일이 아닙니다. 우선 어디서 배출되는지, 즉 배출원을 하나하나 따져 봐야 하고요. 어떤 연료를 얼마만큼 사용하는지 세부 내용을 알아내 계산해야 하거든요. 예를 들어, 석탄 화력 발전소에서는 석탄을 태우고 가솔린 자동차에서는 석유를 태우잖아요? 두 배출원은 사용하는 연료의 종류도 다르

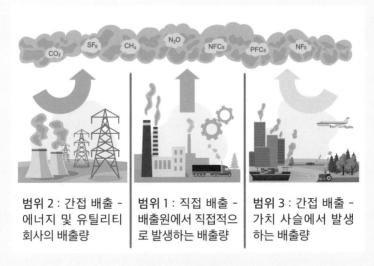

범위 2 : 간접 배출 –
에너지 및 유틸리티
회사의 배출량

범위 1 : 직접 배출 –
배출원에서 직접적으
로 발생하는 배출량

범위 3 : 간접 배출 –
가치 사슬에서 발생
하는 배출량

온실가스 배출의 범위

고 양도 다르기 때문에 배출되는 배출량을 동일 선상에 놓고 비교하기
는 어렵습니다.

게다가 공장에서 뭔가를 만들면서 굴뚝에서 뭉게뭉게 연기가 나온
다고 하더라도, 굴뚝 연기가 온실가스의 전부는 아닙니다. 공장에서 기
계를 돌릴 때 쓰는 전기 에너지는 어디서 나오죠? 공장 직원이 출장을
갈 때 타는 자동차의 배출량은요? 이렇듯 배출의 범위도 직접적인 것
이 있고 간접적인 것이 있거든요. 너무 복잡해 일일이 생각하려면 머리

가 터질 듯한데, 다행히도 배출량을 계산하는 방법은 전 세계적으로 표준화되어 있습니다. 그리고 기업은 정부의 지침에 따라 자신들이 얼마나 온실가스를 배출하는지 '온실가스 인벤토리'를 작성하도록 되어 있습니다. 인벤토리란 원래 재고 목록을 뜻하는데, 옷 가게에서 옷을 몇 벌이나 팔았고 창고에는 얼마나 있는지 조사하는 것과 크게 다를 바가 없어요. 온실가스를 배출하는 사업장에서 온실가스가 실제로 얼마나 많이 배출되는지 조사해 기록하는 것이니까요.

굉장히 복잡해 보이지만 사실 화석 연료가 얼마나 우리의 일상생활에 깊숙이 침투해 있나 생각해 보면 복잡한 게 당연합니다. 앞서 말한 510억 톤도 이런 식의 계산을 수없이 많이 해서 도출한 결과랍니다. 살을 빼려면 지금이 몇 kg이며 체질량지수BMI가 얼마인지 아는 게 우선인 것처럼, 온실가스를 줄이려면 지금 배출량이 얼마인지 파악하는 것이 우선이겠죠?

하나라도 포기할 수 있을까?

자, 하나하나 뜯어보고 나서 다시 한번 질문을 던져 봅시다. 우리는 수도꼭지를 잠글 수 있을까요? 이제는 자신 있게 "네!"라고 대답하기 어렵습니다. 510억 톤을 완전히 줄이라고 하는 것은, 스마트폰을 쓰지 말고, 고기도 먹지 말고, 비행기 타고 해외여행도 가지 말고, 추운 겨울에 보일러를 켜지 말고 오들오들 떨라고 하는 것이나 다름없으니까요. 아니, 완전히 제로0가 되려면 풀로 옷을 지어 입고 작살로 물고기를 잡아먹고 살아야 합니다. 문명과는 작별을 고해야 한다는 말이죠.

다시 한번 욕조 그림을 뜯어보면서 수도꼭지를 잠그지 않고도 기후 위기를 막을 수 있는 방법을 고민해 볼까요? 배수구 구멍을 넓히면 어떨까요? 아니면 욕조에서 물을 바가지로 마구 퍼내면요? 물론 이런 방안도 과학자들은 열심히 연구 중이기는 합니다. 심지어는 태양과 지구 사이에 거대한 반사판을 설치해 온난화를 해결하자는 이야기까지 나왔어요. 하지만 기술적으로 당장 시행하기 어렵기 때문에 이런저런 방안을 연구하는 사이 욕조 물은 넘쳐 버릴지도 모릅니다.

그래서 수도꼭지를 잠그는 것은 안타깝지만 반드시 해야만 하는 일입니다. 그렇다고 석기 시대로 돌아갈 것이 아니기 때문에, 에너지를 쓰기는 쓰되 어떻게 온실가스를 배출하지 않을지 고민이 필요합니다. 전력을 청정하게 생산하고, 꽁무니에서 연기가 나오는 가솔린 차 대신 전기 차를 타는 등의 사례가 있겠죠. 핵심은 화석 연료와의 작별입니다. 이걸 어려운 말로는 '에너지 전환'이라고 해요.

로빈슨 크루소처럼 살지 않으면서도 지구를 구하는 열쇠는 바로 에너지 전환입니다. 그러면 어른들은 에너지 전환을 하려고 노력하고 있겠죠? 잘 진행되고 있는지 다음 장에서 한번 알아봅시다.

화석 에너지 - 유한함 ⚡ 청정 에너지 - 재생 가능

화석 에너지 vs. 청정에너지

넷 제로, 넷 제로 하는데
그게 뭘까?

혹시 다이어트를 해 본 적이 있나요? 헬스 트레이너가 살을 빼고 싶으면 순섭취 칼로리를 1800kcal로 제한하라고 했다고 쳐 봅시다. 그러면 운동은 하나도 안 하고 딱 1800kcal만큼 음식만 섭취해도 되겠지만, 다이어트가 그렇게 호락호락한 게 아니죠. 떡볶이나 튀김이 진짜 먹고 싶은 날도 있잖아요? 그러면 음식을 2000kcal를 먹는 대신 200kcal만큼은 운동으로 빼 줄 수도 있습니다. 그런 게 바로 '넷'의 개념이지요. 몇 년 전부터 기후 위기 분야에서 단연 화두가 된 단어인 '넷 제로net zero'에도 이 '넷'이 들어갑니다. 온실가스 순배출량을 제로0로 만들겠다는 거예요.

그렇다면 순배출량이 뭘까요? 지금 인류는 온실가스를 마구 배출하고 있는데요, 아무리 당장 신재생 에너지를 늘리고 수소 에너지를 연구한다고 해도 당장 배출량을 절대적 제로0로 만들 수는 없습니다. 그러면 어떻게 해야 할까요? 배출량을 최대한 줄이되 못 줄이는 양은 탄

배출한 만큼 흡수해야 하는 '넷 제로'

소를 흡수해 줘야 합니다. 운동으로 칼로리를 태우는 것처럼 말이에요. 탄소를 흡수하는 방법은 나무를 심어 숲을 조성하는 것도 해당되고, 우리나라 대신 다른 나라에서 감축 활동을 펼치는 것도 해당됩니다. 또, 이미 배출된 이산화탄소를 잡아서 없애 버리는 것도 해당됩니다. 엥, 어떻게 이미 배출된 기체를 잡아서 없애죠? 그런 기술을 '탄소 채집 및 저장 기술CCS'이라고 하는데요, 실제로 오래전부터 활발히 연구되어 온

분야이기는 합니다. 기술적 한계와 비용 문제로 상용화되려면 아직 멀었지만 말이에요. 온실가스를 낚아채 분리한 뒤 땅속에 묻는 방법 등으로 저장한다는 아이디어인데, 말만 들어도 쉽지는 않겠죠?

아무튼 '넷 제로'라 함은 배출량을 아예 제로0로 줄이지는 않더라도 인류에 한 가닥 희망을 보여주는 목표입니다. 그래서 한국을 비롯한 세계 각국의 정부들, 쉘이나 BP 같은 거대 석유 화학 기업들, 구글과 마이크로소프트 같은 IT 기업들은 이미 향후 20여 년에 걸쳐 넷 제로를 달성할 것이라고 앞다투어 선언했습니다.

넷 제로는 어찌 보면 너무나 당연한 목표입니다. 넷 제로를 이루지 못하면 기후 위기는 막을 수 없을 테니까요. 다만 그냥 제로가 아니라 '넷' 제로이기 때문에, 배출량을 완전히 제로0로 만들지는 않아도 됩니다. 물론 그래서 배출량을 줄이는 노력을 덜 할 수도 있는 문제도 있어요. 다이어트를 할 때, "먹은 만큼 더 운동하면 돼지!" 하면서 폭식해 놓고 갑자기 사정이 생겨 운동을 못하면 어쩌죠? 한마디로 넷 제로가 배출량을 덜 줄이는 변명으로 쓰일 수도 있다는 말입니다.

그래서 넷 제로를 진짜로 달성할 수 있을지 꼼꼼하게 따져 보는 것이 중요합니다. 다이어트를 한다고 해 놓고 달력에 친구들과 치킨집이나 디저트 카페를 가는 약속이 빼곡히 적혀 있다면 아무래도 다이어트 선언을 믿기 어렵겠지요. 넷 제로 달성 계획도 마찬가지입니다. 찬찬히 살펴보면 정말로 넷 제로를 달성할 수 있을지, 아니면 그냥 큰소리만 치는 건지 대략 보이게 마련이거든요. 이산화탄소, 메탄 등 여러 온실가스를 모두 포함시킬 것인지, 또 탄소 흡수는 어떤 방식으로 달성할 것인지 등 구체적이고 장기적인 로드맵이 포함되어야지만 진정한 넷 제로 계획이라고 볼 수 있겠지요. 그러니 뉴스에서 어떤 대기업이 넷 제로를 선언했다고 해서, "와! 저 기업은 정말 친환경적인 기업이구나!"라고 덥석 믿어 버리면 안 되겠죠?

99
토론거리

탄소가 들어가지 않는 에너지원은
뭐가 있을까요? 왜 이러한 연료로
전부 대체되지 못하는 걸까요?

3장

세상에서 가장 어려운 조별 과제

1

설마 예전부터 알고 있었던 건 아니겠지?

언제 쓰인 편지일까?

이 편지를 한번 읽어 보세요.

> "대통령님! 현재 석탄과 석유, 천연가스를 연소 시키다 보니 대기 중으로 이산화탄소가 엄청나게 쏟아져 나오고 있습니다. 이 때문에 나중에 대기 중 열평형이 교란되어 큰일이 벌어질 수도 있습니다."

오, 지금까진 배운 내용인데요. 여기서 퀴즈를 내 볼게요. 이 게 언제 쓰인 편지일까요?

정답은… 1960년대입니다. 지금으로부터 무려 60여 년 전에 미국의 과학자들이 당시 미국 대통령인 린든 존슨에게 보낸 편지거든요. 아니, 이런 중요한 사실을 예전부터 알고 있었으면서 지난 60년 동안 기후 위기를 해결하지 못하고 대체 뭘 한 걸까요?

사실 온실효과라는 게 있다고 밝혀진 건 무려 200년이나 되었습니다. 이산화탄소 같은 온실가스가 대기 중에 쌓이면 더 더워진다는 사실은 이론적으로도 실험적으로도 예전부터 잘 알려져 있었죠. 산업화와 더불어 기후 시스템이 교란될 거라고 예측한 과학자들도 이미 20세기 초에 있었고요. 1960년대쯤 되자 과학자들이 생각하기에 도저히 손을 놓고 있을 수 없다는 생각이 들어 대통령에게 편지를 쓴 것입니다.

놀랍게도 미국에서는 린든 존슨 대통령 이래 매번 대통령이 바뀔 때마다 과학 자문단은 동일한 내용의 편지를 썼답니다. "대통령님, 화석 연료를 계속 쓰면 큰일날 것 같은데요." "대통령님, 기후 변화를 막기 위해 뭔가 조치를 취해야 할 것 같습니다." 이렇게요.

그런데 우리가 화석 연료랑 작별했나요? 전혀 그렇지 않죠. 전 세계의 거대한 석유 화학 기업들이나 에너지 기업들은 거리낌 없이 화석 연료를 땅속에서 파내 판매했고, 많은 선진국이 덕분에 눈부신 경제 성장을 이뤘습니다. 과학자들이 "저기, 잠깐만요. 이렇게 계속하면 안 된다고요"라고 경고할 때마다 "쉿, 내가 알아서 할게" 하며 쉬쉬하고 넘어갔다는 말입니다.

너희는 이미 다 알고 있었구나!

기후 변화 관련 뉴스 기사를 읽다 보면 다소 공격적인 댓글들이 간혹 보입니다. 하나 긁어 와 볼까요? "지구도 계절이 있음. 태양 위치에 따라 빙하기가 녹고 얼고 하는 거임. 지구 사이클인데 온난화는 개구라(!)임" 이제는 기후 변화가 믿고 말고의 문제가 아니라는 사실을 대부분의 사람들이 알지만, 5~10년 전만 해도 언젠가 빙하기가 오면 지구 온난화 문제도 모두 해결될 것이라고 믿는 사람들이 있었지요. 빙하기는 지구 역사 46억 년 중 네 번 정도 있었던 아주 점진적인 주기이고, 인간과 화석 연료 때문에 급격하게 기후가 교란된 건 고작 200년 동안의 일인데 말이에요. 동일선상에서 비교할 수 없는 것이죠.

이제는 워낙 과학이 발달해 대기 중 온실가스 농도와 지구 기온의 상관관계에 관한 증거가 쌓이고 쌓였습니다. 컴퓨터 모델링과 인공위성을 이용해 실제로 일어나는 변화를 확인하고 있고요. 그런데 이렇게 증거가 명백해지기 전에도, 이미 70년 전부터 증거를 모으고 있던 과

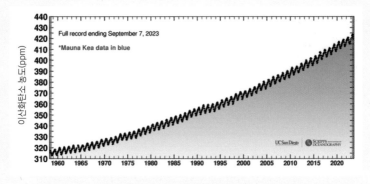

하와이 마우나로아 관측소에서 기록된 이산화탄소 농도

학자가 있었습니다. 바로 찰스 데이비드 킬링Keeling이라는 사람인데요, 이분은 이론적으로만 알려져 있던 사실을 자기 두 눈으로 똑똑히 밝히고 싶었습니다. "진짜로 대기 중 이산화탄소 농도가 올라가고 있을까? 누군가 거짓말을 하고 있는 것은 아닐까?"

　대기 중 이산화탄소 농도 측정이야 별것 아닌 것 같지만, 누구도 실제로 장기적으로 측정한 적은 없었거든요. 사실 이산화탄도 농도라는 게 식물 광합성 정도에 따라 일 년 중에도 왔다 갔다 하는 법이기도 하고요. 이산화탄도 농도를 측정하려면 오염원이 없는 곳으로 가야 했기 때문에, 킬링은 하와이에 있는 마우나로아Mauna Loa라는 청정한 산꼭대기 기상 관측소에 가서 측정을 시작합니다. 그게 1958년의 일입니다. 2005년, 그는 사망하기 직전까지 대기 중 이산화탄소 농도를 기록

합니다. 그가 죽고 난 뒤에도 관측은 물론 지속되고 있고요. 1959년에는 316ppm이던 수치가 1970년에 325ppm, 1990년에는 354ppm에 이르더니, 2023년 2월에는 무려 420ppm으로 상승했습니다. 46억 년 지구 역사상 전무후무한 수직 상승이지요. 이 추세를 기록한 것이 바로 '킬링 곡선'입니다. 기후 변화 분야에서는 전설로 남은 그래프입니다. 킬링이 밝혀낸 것처럼 대기 중 이산화탄소 농도와 지구 기온의 상관관계는 빼도 박도 못하게 분명합니다. 이렇게 이미 한참 전부터 알고 있었으니 기후 위기에 대처하지 못한 이유를 "몰라서 그랬어!"라고는 절대 변명할 수 없겠지요?

본격적으로 논의한 지도 어느덧 30년

미국만의 이야기가 아닙니다. 전 세계 지도자들이 한 자리에 모여 지구 환경 파괴라는 이슈에 대해 본격적으로 머리 싸매고 고민하기 시작한 것도 30년이 넘었습니다. 이미 1990년 UN 회의에서 온실가스 문제를 논의했거든요. 지구상 대부분의 국가가 회원으로 가입되어 있는 UN 회의에서 이런 이야기를 나누었다는 사실은, 이미 모든 국가가 문제를 인식하고 함께 사태를 해결해 나가야 한다는 필요성을 느꼈다는 거죠.

혹시 IPCC라는 말 들어 보셨나요? '기후 변화에 대한 정부 간 패널Intergovernmental Panel on Climate Change' 줄여서 IPCC라고 하는 기구가 뉴스에 자주 등장하거든요. UN 산하 기구인데, IPCC는 기후 변화 부문에서 국제적으로 가장 핵심적인 역할을 합니다. 인간의 활동으로 지구 기후가 어떻게 변화하고 있는지 과학적이고 객관적인 평가를 진행하고 정책적 조언을 하는 조직이에요.

뭔가 아는 척을 하고 싶으면 "IPCC 보고서에 따르면 말이야"라고 시작하면 누구도 반박하기 어려워요. 이제까지 IPCC

산업화와 기후 변화의 관계

에서는 기후 변화의 과학과 대책에 관해 아주 중요한 보고서를 총 여섯 번 발간했습니다. 제일 최근에 나온 여섯 번째 보고서는 전 세계에서 제일 잘나간다는 학자들이 700명 넘게 모여서 썼어요. 여기서 모든 학자가 입을 모아 현재의 기후 위기는 인간 때문에 생겨난 것이 '명백하다'라고 결론짓고 있습니다. 과학은 명백하니 이제 더 이상 변명하지 말고 행동에 옮겨야 한다는 거죠.

기후 변화에 대한 국제회의 역시 UN이 주도합니다. UN기후변화협약당사국총회UNCOP, UN Conference of Parties는 코로

2021년 하반기 글라스고에서 열린 제 26회 당사국회의COP26

나가 기승을 부렸던 2020년을 제외하고는 매년 열리고 있는
데요, 항상 전 세계의 이목이 집중되는 중요한 회의입니다. UN
회원국 정부뿐 아니라 각종 기업과 비정부기구, 시민단체 등이
이 회의에 참석하죠. 가장 최근에는 2022년에 이집트에서 개최
되었습니다. 다 같이 머리를 맞대고 앉아 "어떻게 하면 탄소 배
출량을 줄일 수 있을까?" "더워지는 세상에서 어떻게 하면 피
해를 줄이며 살아갈 수 있을까?" 같은 이야기를 나눴습니다.

이번이 무려 27번째 회의였는데요, 안타깝게도 그동안 엄청난 성과가 있었던 건 아닙니다. 항상 결론은 "그래, 기후 변화가 심각하긴 하지. 뭔가 하긴 해야 할 텐데… 아무튼 그럼 우리 다음에 또 만나?" 하는 식으로 지지부진했지요. 모두가 다 알고 있던 사실인데도 행동을 취하는 게 왜 이렇게 어려운 거죠?

토론거리

가장 최근의 회의인 COP27이나 IPCC 관련 뉴스를 찾아봅시다. 거기서 무슨 주제를 다루었는지 조사해 발표해 봅시다.

2

왜 미리 막지 못했냐고
물으신다면

영화 〈돈 룩 업〉, 기후 변화의 알레고리

2021년 겨울, 넷플릭스에서 〈돈 룩 업Don't Look Up〉이라는 영화가 나왔어요. 이게 어떤 내용이냐 하면, 어느 날 천문학자들이 하늘을 보다가 웬 혜성이 지구를 향해 똑바로 돌진하는 걸 발견합니다. 과학자들은 기절초풍할 듯 놀라 대통령과 정치인, 군인과 언론을 향해 이 사실을 알립니다. 혜성 충돌이 머지않았으니 어서 뭔가 조치를 취하자고요.

그런데 어처구니가 없게도 사람들의 행동은 답답하기 짝이

지구로 돌진하는 혜성

없습니다. 대통령은 물론 세계 최고 기업의 CEO, 유명한 TV 앵커 등 쟁쟁한 명사들은 각자 딴소리만 해대는 통에 전혀 진전이 없었죠. 너무도 명백한 눈앞의 재앙을 두고도 사람들은 각자의 이익(권력, 경제력, 명성 등)에만 관심이 있을 뿐입니다.

그렇다면 결론은? 결국 혜성을 막지 못하고 인류는 멸망해 버립니다.

사실 이 영화는 대놓고 사람들을 비판하는 풍자 영화입니다. 혜성의 모습이 빤히 눈앞에 보이는데도 사람들에게 "하늘을 올려다보지 말라(Don't look up)"라고 하며 딴짓만 하는 모습은 지금 기후 위기를 몸소 겪으면서도 별다른 조치를 취하지 못하고 있는 우리네 모습과 다를 바가 하나도 없으니까요.

아직 혜성이 멀리 있을 때, 미사일로 혜성을 격추시켜 궤도를 틀게 하자는 이야기가 나오긴 했습니다. 그러나 사람들끼리 제대로 합의하지 못하는 바람에 흐지부지되어 버리죠. 기회가 있을 때 혜성 궤도를 틀었어야 하는데 말입니다. 기후 위기가 시작되긴 했지만 아직 재앙까지 가지는 않았습니다. 기회가 있을 때 막아야 하는데 왜 아직도 이러고 있을까요?

뭔가 하고는 있다! 그런데…

물론 전혀 아무것도 안 하고 있는 건 아닙니다. 여러분도 학교나 가정에서 지켜야 할 규칙이 있지요? 안 지키면 혼나기도 하고, 반대로 잘 지키면 칭찬이나 상을 받기도 합니다. 정부의 정책도 별반 다르지 않아요. 안 지키면 혼나는 것이 규제책이고, 보상을 줘서 잘 지키도록 유도하는 것이 지원책이지요.

기후 변화 정책의 필요성

한국을 비롯한 세계 각국에서는 탄소 배출량을 줄이기 위해 여러 규제책과 지원책을 시행하고 있어요. 규제책은 "너희 배출량 이만큼 줄여!"라고 규칙을 정한 뒤, 지키지 못하면 벌금을 부과하는 등 벌칙을 주는 거고요. 지원책은 온실가스를 배출하지 않으려고 노력하면 보조금을 주는 식으로 장려하는 거예요.

실제로 에어컨을 틀면 전기를 많이 쓰기 때문에 전기세에 더해 '환경부담금'이라는 이름으로 세금을 더 내야 하잖아요? 규제책의 일종이죠. 반대로 전기 차처럼 온실가스를 배출하지 않는 차를 구입하면 혜택이 있는데, 이것이 지원책의 일종입니다. 예를 들어, 부모님이 차를 바꾸실 때 매연이 나오는 가솔린 차 대신에 전기 차를 구입하시면 보조금을 받아 더 싸게 살 수 있고, 주차장이나 도로 톨게이트에서도 친환경 차라서 할인을 받을 수 있답니다. 우리나라를 비롯해 여러 국가에서 이렇듯 다양한 정책이 시행되고 있습니다.

2도는 대체 어디서 나온 건데?

그럼에도 문제는 이 모든 노력이 터무니없이 부족하다는 사실입니다. 일단 목표 자체가 모호해요. 여러분이 별로 좋아하는 주제는 아니겠지만 학교 시험을 예로 들어볼까요? 보통 성적을 올리고 싶을 때, '전 과목 평균 90점이 넘게 하겠다'라든지, '반에서 5등 안에 들겠다'처럼 구체적인 목표를 세우기 마련입니다. 달성할 수 있을지 여부를 떠나서 목표 자체는 딱 떨어지게 세우는 것이 좋죠.

그러면 기후 위기를 대처하는 국가들의 목표는 무엇일까요? '10년 내 510억 톤을 모두 감축하기' 같은 것 아닐까요? 정답은 "No"입니다. 현재 모든 국가들이 합의하고 있는 목표는

기온 상승 폭을 2도 내로 줄이자는 '2도 목표'

딱 하나입니다. "2100년까지 지구의 평균 기온 상승폭이 2도 이내가 되도록 노력합시다!" 이게 다에요. 약간 뜬구름 잡는 소리 같지 않나요?

온실가스를 줄이자면서 기온 상승 폭이 목표라니요. 마치 '다음 시험에서는 엄마 아빠가 기분이 좋을 정도의 성적을 받아야겠다'라고 목표를 세우는 것처럼 애매모호하죠. '2도'라니 그건 어디서 나온 건지 도대체 모르겠습니다.

2도라는 목표가 나온 데는 그만한 이유가 있었습니다. 사실 2도 목표가 나오기 전에도 온실가스를 줄이기 위한 협약이 있었거든요. 국제 협약이란 여러 나라가 지키기로 합의한 약속을 말하는데요, 문제는 큰소리만 뻥뻥 치고 실제로 지키지 못하더라도 아무도 뭐라고 하지 못한다는 겁니다. 국내에서는 법을 지키지 않으면 벌금을 내든 경찰서에 끌려가든 강제로 법을 집행할 수 있는 수단이 있잖아요? 그런데 국제 무대에서는 그렇지 않거든요. 크든 작든, 부유하든 가난하든 모두 동일한 지위를 가진 주권 국가이기 때문에, 약속을 지키지 못한 국가를 벌할 수 있는 방법이 없습니다. 방글라데시가 국제 협약상의 약속을 못 지켰다고 미국이나 러시아가 쳐들어가면 난리가 나겠죠. 깡패도 아니고 말이에요. 그러다 보니 자기네끼리 규칙을 만들어서 지키자고 했다가 못 지키고, 또 다른 규칙을 만들었다가 못 지키고, 이렇게 북 치고 장구 치고 하는 겁니다.

각자 알아서 잘하자?

예전에 만든 협약에는 온실가스 배출량을 일정 비율만큼 줄이자는 구체적인 목표가 있었는데요, 문제는 이게 잘 지켜지지 않았다는 겁니다. 심지어 미국은 국제 협상을 할 때는 폼 나게 "그래! 까짓 거 우리나라도 배출량 대폭 줄일게!" 하며 서명해 놓고 귀국해서는 그만 국내에서 반대에 부딪히고 맙니다. 아무리 국가 대표가 서명했다 한들, 국제법이란 국내에서 받아들여지지 않으면 아무 소용이 없거든요. 국제 조약을 국내법으로 편입시키는 것을 어려운 말로 '비준'이라고 하는데요, 이 협약이 비준되지 못하는 바람에 미국 국내에서는 그저 종이 쪼가리가 되어 버린 겁니다. 배출량 측면에서 가장 덩치가 큰 미국이 빠지면 다른 국가들도 힘이 빠집니다. 국제 협약 체제 자체가 이빨 빠진 호랑이나 다름없는 셈이죠.

그러다가 2015년부터 미국도 포함시키고 목표도 바꾼 새로운 체제가 등장합니다. 이전까지는 이렇다 할 성과가 없었으니 일단 모든 국가가 거부감 없이 참여할 수 있도록 하는 것이 최우선 목표였죠. 그래서 온실가스를 몇 퍼센트 감축한다는 등의 구체적인 목표 대신에 '모두가 합의할 수 있는' 2도라는 목표가 나왔습니다. 온도 상승 폭에 대해서만큼은 일단 아무도 이견이 없었으니까요. 다만 '무엇을' '어떻게' 달성할지는 각국의 재량에 맡겼습니다. 한국은 2030년까지 온실가스 배출량을 2005년 대비 65퍼센트 감축하는 것이 목표입니다. 반면, 중국은 2030년까지는 배출량 감축 의무가 없고, 이후부터 줄이겠다고 했습니다. 각국의 사정에 맞춰 서로 다른 목표를 내놓은 거죠.

아무튼 그래서 현재는 모든 국가가 조화롭게 온실가스 배출량을 관리하고 감축하고 있지는 않은 상황입니다.

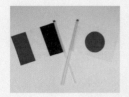

교토 의정서와
파리 기후 협약

국제 협약의 이름을 쭉 보면, 마치 세계 여행을 하는 기분입니다. 협약이 체결된 도시를 그 협약 이름에 집어넣는 경우가 많기 때문인데요, 예를 들면 '오존층 보호를 위한 비엔나 협약'이라든지 '폐기물 해양 투기에 관한 런던 협약' 같은 것이 있어요. 그렇다면 기후 변화 분야에서 가장 중요한 여행지는 어디일까요? 바로 일본의 교토와 프랑스의 파리입니다. 교토는 1997년으로, 파리는 2015년으로 가 볼 거예요.

기후 변화에 그다지 관심이 없는 사람들도 '교토 의정서'라는 말은 어디선가 들어봤을 거예요. UN을 중심으로 전 세계 대부분의 국가가 교토에 모여 기후 변화에 대한 이야기를 나누고, 마침내 중요한 문서를 하나 만들어 다들 거기에 서명을 했거든요. 여기서 세계 최초로 온실가스 배출량을 줄이자는 목표가 나왔고요.

교토 의정서에 따르면, 여력이 없는 저개발국이나 개발도상국은

기후 변화에 관한 교토 의정서와 파리 협약

아무것도 하지 않아도 되지만, 돈이 많은 선진국은 온실가스를 줄여야 했습니다. 2008년부터 2012년까지 선진국들은 온실가스 배출량을 1990년 수준에서 5퍼센트 감축하기로 약속했어요. 선진국만 감축 의무를 진 이유는 간단합니다. 온실가스를 감축하는 것 자체가 돈이 많이 들기 때문이기도 하지만, 사실 기후 변화를 초래한 나라는 선진국이라는 건 누구나 아는 사실이었거든요. 온실가스를 마구 배출한 건 화석 연료에 기대 경제 발전을 이룩한 국가들이니까요. 너무 명백한 사실 앞에 선진국들도 별로 할 말이 없어 군말 없이 줄이겠다고 약속했습니다.

그러나 안타깝게도 교토 의정서 체제가 10년 이상 지속되었음에도 성과는 별로 없었습니다. 게다가 그 사이에 중국이나 인도처럼 선진국 반열에는 들지 못했지만 경제 규모는 너무도 커진 나라들이 생겨났죠. 이 나라들은 온실가스 배출이 어마어마한데 교토 의정서 협약에 따라 아무런 제재를 받지 않았습니다. 그래서 선진국과 개발도상국 모두를 아우를 수 있는 새로운 체제가 필요했죠. 하지만 전 세계 200개 가까운 국가들의 이해관계가 얽혀 있는 만큼 공통의 목표를 도출하기란 너무나 어려웠어요.

그래서 2015년 파리에서 새로운 협약이 탄생합니다. 이 '파리 협약'은 지금까지 지속되어 오고 있는 체제입니다. 조금 전에 이야기한 '2도' 목표가 여기서 나왔습니다. 지구 평균 기온이 2도 이상 상승하지 않도록 노력해 보자는 건데요, 어떻게 노력할지는 각국의 재량에 맡겼습니다. 각자 사정에 맞춰 최대한 줄이자고 했죠. 대신 교토 의정서 때 비해 더 많은 국가의 참여를 유도할 수 있었습니다. 너무 어려운 목표를 세웠다면 분명 발을 빼는 나라들도 있었을 텐데, 목표 자체에는 이견을 제시할 이유가 없으니 모두를 포용할 수 있었죠.

파리 협약 체제에서 각국은 역량이 닿는 대로 목표와 절차를 세워 모두에게 공개하고, 5년마다 중간 점검을 해 더 높은 목표를 세웁니다.

한국도 자체적으로 목표를 세워 발표했고요. 그러나 국제 협약이 언제나 그렇듯이 목표를 너무 작게 잡더라도, 그리고 제대로 지키지 못하더라도 딱히 제재할 수단은 없습니다. 국제 평가 기관에 따르면 한국은 기후 대응 노력이 "매우 불충분하다"고 평가받고 있지만, 이런 사실을 알고 있는 사람들도 많지 않을 뿐더러 벌을 받는 것도 아닙니다. 국제 사회에서 욕을 좀 먹긴 할 테지만요. 그래서 그저 2도 목표만 되풀이하고 있는데, 이조차도 아마 달성하기 어려울 것입니다. 현재 기온 상승 폭이 1.5도를 지나 2도를 향해 질주하고 있으니까요.

99

토론거리

2도의 기온 상승 제한 목표가 현실적이라고 생각하나요? 여러분이라면 어떤 목표를 채택했을 것 같나요?

3

기후 위기 해결은 세상에서
가장 어려운 조별 과제

조별 과제가 어려운 이유

학교에서 여러 명이 팀을 짜서 '조별 과제'를 해 본 경험이 있을
거예요. 여러분이 나중에 대학교에 가더라도 팀 프로젝트, 또는
'팀플'이라고 해서 자주 접하게 될 겁니다. 같은 팀의 학생들이
공통의 과제를 역할 분담해 수행하는 건데요.

그런데 조별 과제가 제대로 진행되는 건 진짜 쉬운 일이 아
니에요. 예를 들어, 다섯 명이 모여 조별 과제를 한다고 하면,
말만 앞서서 자기가 다 한다고 해놓고는 결국 아무것도 안 하

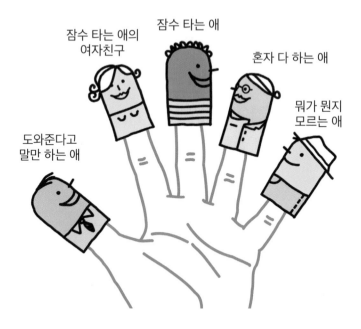

잠수 타는 애의
여자친구

잠수 타는 애

혼자 다 하는 애

뭐가 뭔지
모르는 애

도와준다고
말만 하는 애

조별 과제가 힘든 이유

는 아이가 있는가 하면, 뭐가 뭔지 하나도 몰라 아무런 도움도
안 되는 아이도 있어요. 카톡이며 전화며 다 씹고 잠수를 타는
아이가 있는가 하면, 그 아이의 여자친구라서 쫄래쫄래 따라온
아이도 있고요. 결국 한 명이 뒤집어쓰고 다 하게 되는 경우가
다반사죠.

공통의 목표를 향해

그런데 기후 위기도 따지고 보면 이런 조별 과제와 꽤 비슷합니다. 기후 변화라는 녀석은 온 지구에 영향을 미치기 때문에 한두 나라가 나서서는 해결되는 문제가 아닙니다. 미국이나 중국이 온실가스 배출량이 아무리 많다고 해도, 달랑 그 둘만 온실가스를 줄여서는 문제가 해결되지 않잖아요? 모두가 다 함께 해야 하죠. 그리고 제대로 수행하지 못했을 때 다 같이 빵점을 맞는 조별 과제처럼, 기후 변화의 피해도 모든 국가가 골고루 받게 됩니다.

기후 위기는 더 난감한 점이, 선생님이나 교수님처럼 권위 있게 숙제를 내주고 평가하는 사람조차 없다는 사실입니다. '세계 정부'라는 건 없으니까요. 각자 자국의 이익을 추구하는 국가들이 옹기종기 모여 있는 게 우리가 사는 지구잖아요. 그래서 국제 협상 테이블에 둘러앉은 순간에도, 누구는 큰소리만 치고, 누구는 슬쩍 빠지고, 누구는 안 오고… 뭐 이런 모양새입니다. 게다가 달랑 다섯 명이 하는 조별 과제도 저런데, 전 세계 200개 가까운 나라들이 모이니 어떻겠어요?

그나마도 조별 과제는 한 사람이라도 열심히 하면 결과가 괜찮게 나올 수 있는데, 기후 위기라는 조별 과제는 몇몇 국가가 아무리 최선을 다해도 다 같이 노력하지 않으면 별 소용이 없다는 점도 다릅니다. 예컨대, 탄소 배출량이 그다지 크지 않은 캄보디아나 네팔 같은 나라가 온실가스를 완전히 줄여서 0으로 만든다고 해도, 중국이나 미국, 인도, 한국 등 거대 배출국들이 줄이지 못하면 변화는 거의 미미하니까요.

사정 없는 사람이 어디 있다고

조별 과제를 할 때, 자기가 맡은 걸 하지 못하겠다는 친구가 꼭 나타나죠. "얘들아, 미안한데 오늘 집에 일이 있어서 나 못할 것 같아." "나도 학원 숙제가 많아서… 미안해."

국가들도 다를 게 없어요. 원래는 2020년쯤 되면 화석 연료도 적게 쓰고 배출 규제도 강화하는 등등 의욕이 넘치는 목표를 세운 국가들이 많았는데요. 2020년에 어마어마한 사태가 발생합니다. 네, 여러분도 잘 알다시피 코로나19 사태가 딱 터져 버린 거예요. 의료 시스템이 붕괴되고 경제가 최악으로 치

정책의 우선순위를 완전히 뒤바꾼 코로나19 위기

닫기 시작했습니다. 이런 상황에서는 청정에너지고 나발이고, 일단 먹고살아야 하지 않겠어요? 예전 같았으면 화석 연료 산업을 엄격하게 규제하고도 남을 정부가 당장 돈이 궁하니 이들 오염 산업에 후한 보조금을 지원하는 사태도 발생합니다. 당장 경제를 살려야 하니 눈앞의 이익이 우선이 되어 버린 거예요. 정책의 우선순위가 완전히 뒤바뀌어 버린 거죠.

최근에는 러시아가 우크라이나를 침공했잖아요. 원래 러

시아는 에너지 자원이 매우 풍부한 나라라서 유럽에 아주 많은 양의 천연가스를 공급하고 있었거든요. 그런데 전쟁 때문에 연료 수급에 차질이 생기자 유럽 국가들은 안달 나기 시작합니다. 천연가스 가격이 최소 세 배 이상, 지역에 따라서는 대여섯 배도 넘게 뛰었거든요. 원래 영국, 프랑스, 독일 같은 국가들은 세계 어느 나라보다도 기후 위기 대처에 적극적이었는데요, 당장 발등에 불이 떨어지자 딴소리를 하기 시작한 거죠. 석탄과는 작별하겠다고 예전부터 선언했는데 천연가스가 비싸지니 갑자기 석탄을 슬쩍 태우는 사태도 발생했고요. 폐쇄하기로 한 석탄 화력발전소를 좀 더 오래 운영하기로 한 나라도 있었어요. 석탄은 천연가스보다 온실가스 배출량이 더 큰 연료라서, 쉽게 말하면 '더 더러운' 연료인데 말이에요. 급하니까 찬 것 더운 것 가릴 형편이 아닌 거죠.

그런데 사실 각자의 사정이 없는 나라가 어디 있겠어요? 경제·사회·정치적으로 시급한 문제는 항상 존재하는데, 기후 변화는 그에 비하면 점진적이고 장기적인 문제입니다. 그러다 보니 조별 과제는 항상 뒷전이고 서로 너나 잘하라고 손가락질하는 형국입니다.

하는 척만 하자,
그린워싱

돈 세탁, 이미지 세탁, 학벌 세탁…. 세탁은 원래 더러운 것을 깨끗하게 만드는 것이지만, 이렇게 세탁에는 '더러운' 뜻도 있습니다. 환경 분야에서도 친환경적인 척 겉모습을 세탁하는 행위가 있는데요, 이를 '그린워싱greenwashing'이라고 부릅니다. 겉으로 보기에는 그럴듯해 보이도록 포장하지만, 실제로는 그다지 환경에 도움이 되지 않는 행위를 말하는 거예요.

　　유명한 그린워싱의 사례를 살펴 볼까요? 예전에 이런 일이 있었습니다. 여러분이 여학생이라면 화장품에 슬슬 관심이 생기는 나이일 텐데요. 화장품 병은 대개 플라스틱 재질이죠. 그런데 화장품 병에 "Hello. I'm Paper Bottle(안녕, 나는 종이 병이야)"라는 라벨을 붙어 있다면 어떨까요? 친환경적인 제품이라는 느낌이 들겠죠. 그런데 알고 보니 이 제품은 겉에 라벨 부분만 종이고 그 안에는 기존의 플라스틱 병이 그대로 들어 있었습니다. 마치 환경을 위해 종이 재질의 병으로 바꾼 것처럼 포

슬쩍 눈가림하려는 '그린워싱'

장하고는, 실제로는 전혀 그렇지 않았던 겁니다. 환경을 생각하는 소비자가 구매했다면 뒤통수를 맞은 기분이겠죠?

기후 변화 부문에서도 그린워싱은 끊임없이 지적되고 있습니다. 요즘은 소비자나 국민이 예전보다 기후 변화에 걱정이 많기 때문에 아무래도 기업이나 정부는 눈치를 볼 수밖에 없습니다. 막무가내로 예전처럼 온실가스 배출에 아무 신경도 안 쓰면 욕을 먹는 세상이 되었거든요. 그래서 진짜로 배출량 감축을 위해 노력하기도 하지만, 진실한 노력만

하는 건 아닙니다. 조금만 노력하면서 엄청나게 희생하는 시늉을 보이기도 하고, 노력도 제대로 안 하면서 하는 척만 하기도 합니다. 나름대로 이미지 관리를 하는 거죠.

특히 석유 기업이나 가스 기업은 기후 변화의 주범이라는 비난을 피하기 어렵다 보니 이미지 쇄신에 더욱 열심입니다. 영국 석유회사British Petroleum는 회사 이름을 '석유 너머'라는 뜻의 Beyond Petroleum으로 바꾸었고, 프랑스 에너지 기업인 토털Total 역시 '토털에너지스TotalEnergies'로 이름을 바꾸었습니다. 기존에 석유 화학 기업으로 굳어진 이미지를 재생 에너지를 포함한 전반적인 에너지를 취급하는 회사라는 느낌으로 바꾸고자 한 것입니다.

그러나 이름만 바꾼다고 다는 아니죠. 원래 연예인들도 잘 안 나가면 활동명을 바꾸기도 하잖아요. 그렇지만 이름을 바꾼다고 모두가 대박 나는 건 아니죠. 회사들도 이름을 바꾸는 것보다 중요한 건 실제로 기후 위기를 극복하기 위한 노력을 하느냐 여부일 겁니다. 그런데 진짜 노력을 하기보다는 체면만 차리려고 급급한 경우도 많아요. 예를 들어, 넷 제로를 달성하겠다고 선언했는데, 잘 뜯어보면 회사와 직접적으로 관련 있는 활동만 배출량을 감축하고 오염이 큰 활동은 외부 업체에 외주를 맡겨 버리기도 합니다. 아직은 상용화되지 않은 탄소 저감 기술을

활용하겠다며 "믿어 봐! 십 년만 기다리면 다 줄일 수 있다니까?" 이런 식으로 대응하기도 합니다. 말만 넷 제로지 실상은 그린워싱일 뿐이죠.

아무튼 이런저런 이유로 겉으로는 노력을 많이 하는 것처럼 보여도 실제로 기후 위기 대응은 더디기만 합니다.

" 토론거리

기후 협상이 더 효과적일 수 있는 방안에는 어떤 것이 있을까요? 약속을 지키지 못한 국가에는 어떤 벌칙이 내려져야 할까요?

4장

나 하나쯤이야? 나 하나부터!

1

나는 뭘를
해야 돼?

청소년의 기후 우울

그거 아세요? 요즘의 기후학자들은 열심히 연구하다가 느닷없이 울음을 터뜨리기도 한다고 해요. 다 큰 어른들이 왜 어린아이처럼 우는 걸까요? 기후 변화는 너무나 빠른 속도로 진행되고 있는데, 인류는 여전히 매일 화석 연료를 태우며 똑같이 살아가고 있는 것에 너무도 큰 좌절감을 느낀다고 하더군요.

외국에는 '출산 파업' 운동이란 것도 있습니다. 권력층이 기후 위기에 제대로 대응하지 않는 것에 맞서 아이를 낳지 않겠

기후학자들의 좌절

다고 선언하는 일종의 생태 운동이죠. 이런 세상에서는 더 이상 아기를 낳아 키울 이유가 없다는 겁니다. 그만큼 앞으로 젊은 세대가 살아갈 세상에 대해 우려하는 사람들이 많습니다.

여러분이 기후 위기 때문에 우울하다면 그건 지극히 정상입니다. 지구를 이렇게 만들어 놓은 건 여러분이 아닌데, 앞으로 계속 이 지구에서 살아가야 하는 건 여러분이니까요. 게다가 엎친 데 덮친 격으로, 여러분이 자주 듣는 "공부 열심히 해라"

라는 말과 기후 위기도 도통 어울리지 않습니다. 어른들은 공부 열심히 하고, 좋은 직장에 들어가고, 돈 많이 벌고, 안정적으로 살라고 하죠. 그런데 기후 변화에 대해 알면 알수록 미래는 더욱더 불투명하기만 합니다.

열심히 공부한다고 성공적인 삶을 살 수 있는 거 맞나요? 차라리 사막에서 맨몸으로 살아남는 법을 익히는 편이 더 도움이 될 것 같아요.

고흐의 <해바라기>에 토마토 수프를 투척한 이유는?

그럼에도 우울의 늪에 빠지지 않고 변화를 위해 애쓰는 사람들이 아주 많답니다. 그레타 툰베리라는 젊은 여성이 있어요. 스웨덴의 유명한 기후 변화 운동가인데요. 툰베리가 유명세를 타게 된 건 2019년, 고작 여러분 또래인 16세일 때였습니다. 어른들도 떨릴 UN 연설을 당당하게 해냈기 때문이지요. 세계의 지도자들 앞에서 기후 변화가 이렇게 심각한데도 어른들은 아무것도 하고 있지 않는다며 분노를 쏟아 냈죠. 유튜브 클립을 한번 찾아보세요. 억울하게 뺨이라도 맞은 사람처럼 진심으로 화를 내는 그녀를 볼 수 있답니다. "어떻게 감히(How dare you)" 더 적극적으로 행동하지 않느냐는 연설은 아주 유명해졌지요.

"지난 30년이 넘는 세월 동안 과학은 분명했습니다. 그런데 어떻게 그렇게 계속해서 외면할 수 있나요? 그리고 이 자리에 와서 충분히 하고 있다고 말할 수 있나요? 필요한 정치와 해결책이 여전히 어디에도 보이지 않는데 말이에요."

스웨덴의 기후 운동가 그레타 툰베리

변화를 촉구하는 움직임은 점점 더 거세지고 있습니다. 작년에는 유럽 기후 운동가들이 미술관에서 관람객인 척하다가 명화 위에 토마토 수프나 으깬 감자를 투척하는 사태가 일어났습니다. 피해를 입은 그림들은 반 고흐의 〈해바라기〉나 클로드 모네의 〈건초더미〉처럼 미술 교과서에 나오는 대단한 명화들이었습니다. 미술을 좋아하는 사람들이라면 심장이 덜컥 내려앉을 만한 뉴스였죠. 더 최근에는 이탈리아의 명소 트레비 분수에 검은 물감을 풀어서 경찰에 체포되는 사건도 있었어요.

이들은 왜 이처럼 과격한 행동을 서슴없이 할까요? 바로 기후 변화에 대해 사람들의 관심을 끌기 위해서였어요. 다행히 그림들 위에 보호 유리판이 덮여 있어 그림 자체가 손상되지는 않았지만, 사람들의 주의는 충분히 끌 수 있었지요. 검게 변한 트레비 분수의 물은 인류의 미래를 상징한다면서 사람들의 관심을 촉구했습니다. 툰베리와 마찬가지로, 나날이 심각해져 가는 기후 위기 속에서 아무 행동도 하지 않는 사람들에게 일종의 경고장을 날린 셈이죠.

작은 실천이라도 오늘부터

이런 떠들썩한 행위에 찬성할 수도 있고 반대할 수도 있지만, 적어도 한 가지 사실만은 확실합니다. 기후 위기를 걱정하며 우울감에 잠기는 대신 행동을 통해 변화를 촉구하려는 사람이 많아지고 있다는 거죠. 나이가 많을 필요도 없고 대단한 정치인일 필요도 없습니다. 복잡한 기후 과학을 세세하게 다 이해할 필요도 없어요.

다만 여러분이 실제로 살아갈 지구 환경이 현재 위험에 처해 있고 행동이 필요한 시기라는 사실만 알면 됩니다. 그렇다면 우리는 한 개인으로서 지금 당장 무엇을 할 수 있을까요?

> **토론거리**
>
> 명화에 음식을 던지는 극단적인 방법에 찬성하는지 반대하는지 이야기해 봅시다. 기후 변화를 믿지 않는 사람이 주변에 있다면 어떻게 설득해야 할까요?

2

탄소 발자국과 식습관

내 꽁무니에 남는 시커먼 발자국

예전에 이런 뉴스가 나온 적이 있습니다. 어느 겨울날, 한 도둑이 가정집에 숨어 들어가 돈을 훔친 뒤 치밀하게 모든 침입 흔적을 지우고 도주했습니다. 도망가던 중 마침 눈도 내리길래, '발자국도 눈에 지워지겠군'하며 안심했다고 해요. 하지만 내리던 눈은 범인의 발자국 부분에만 덜 쌓였기 때문에 도둑은 며칠 만에 붙잡혔습니다. 경찰에게 발자국은 지문만큼이나 많은 정보를 알려준다고 하네요.

걸어간 뒤에만 발자국이 남는 건 아닙니다. 우리가 매일 공부하고, 놀고, 움직이는 모든 활동은 '탄소 발자국'을 남겨요. 발전소나 공장, 자동차 꽁무니는 말할 것도 없고, 하늘과 바다를 누비는 비행기와 선박이 지나간 자리에도 탄소 발자국이 찍힙니다. 실제로 온실가스는 색이 없이 투명하지만, 만일 까만색이라면 자동차를 탈 때마다, 쓰레기를 버리거나 전기를 쓸 때마다 조금씩 거뭇거뭇 묻어나올 거예요.

우리의 삶과 탄소 발자국

놀라운 사실은 직접 집에서 석탄을 뭉게뭉게 태우고 있는 것도 아닌데 탄소 발자국은 남는다는 겁니다. 편의점에 가서 꼬북칩을 한 봉지 사는 행위를 해도 거기서 과자의 내용물과 포장지를 만드는 데 드는 자재와 에너지, 그리고 마트로 배달되는 교통수단까지 온실가스가 배출되기 때문이죠. 여러분의 잘못이 아니지만, 지금과 같은 사회에서는 탄소 발자국을 완전히 '제로'로 만들기는 불가능합니다.

그나마 탄소 발자국을 '옅게' 만드는 건 가능해요. 한두 사람만 타는 자가용을 이용하는 대신 여럿이 함께 타는 대중교통을 이용하면 그만큼 탄소 발자국이 옅어집니다. 집에서 쓰는 가전제품의 에너지를 최대한 절약해도 마찬가지고요. 물건을 아껴쓰고 쓰레기를 적게 버리는 것도 탄소 발자국이 '쿵쿵' 찍히는 대신 '콩콩' 찍히는 방법입니다.

넷플릭스만 봐도 발자국이 남는다

여러분도 넷플릭스나 유튜브 좋아하지요? 집 안에 가만히 앉아서 좋아하는 동영상을 스트리밍하는 때야말로 제일 마음이 편한 순간인데요, 찬물 끼얹는 소리를 하고 싶진 않지만 동영상 스트리밍조차 탄소 발자국이 발생합니다. 왜냐고요?

동영상 서비스는 보통 휴대폰이나 아이패드, TV 등을 통해 시청하기 마련인데요, 이러한 기기는 사용하는 데도 에너지가 필요합니다. 이뿐만 아니라 데이터 센터로부터 네트워크 케이블과 라우터를 거쳐 오기 때문에

넷플릭스의 탄소 발자국은?

여기에 필요한 에너지도 고려해야 하죠. 최근 연구에 따르면, 넷플릭스를 30분간 시청하는 것은 자동차를 100미터 운전하는 것과 탄소 발자국이 비슷하다고 합니다.

자동차 운전 100미터라니 그리 큰 수치가 아니라고 생각할 수도 있겠지만, 동영상 스트리밍의 수요가 최근에 얼마나 폭발적으로 늘어나고 있는지 생각해 보면 우습게 여길 수 없습니

다. 특히 코로나19 시대를 거치면서 온라인 학습이나 원격 업무가 보편화되고, 세상 사람 모두가 집 안에 앉아서 스크린을 들여다보기 시작했지요. 유튜브의 경우 총 스트리밍 시간이 매일 수십억 시간이나 된다고 하는데, 앞으로도 늘어나면 늘어났지 줄어들지는 않을 겁니다.

디지털 세상은 마치 실제 세계와는 관련이 없는 것 같은 기분이 드는데, 여기서조차 탄소 발자국을 고려해야 한다니 약간은 골치가 아픕니다. 하지만 작은 실천이라도 여럿이 함께하면 도움이 되겠죠? 줌 미팅을 할 때 꼭 필요하지 않으면 카메라를 꺼 두거나, 넷플릭스를 시청할 때 고화질 대신 표준 화질을 선택하는 것만으로도 탄소 발자국을 줄일 수 있다고 하네요.

근사한 치즈 스테이크에 치즈 플래터가 무슨 죄라고?

이제 스크린에서 고개를 돌려 식탁으로 가 봅시다. '기후 위기의 적敵은 고기'라는 말, 혹시 들어 보셨나요? 여러분처럼 자라나는 청소년들뿐만 아니라 대부분의 어른들에게도 고기는 참 포기하기 어려운 식습관입니다. 실제로 전 세계 인구가 점점

스테이크 위에도 쿵쿵 찍히는 탄소 발자국

늘어나고 경제도 발전하면서 고기 소비는 점점 늘어나는 추세입니다. 조선 시대에만 해도 고기를 먹는 일이 드물었는데 현대에는 고기반찬이 없는 식탁이 거의 없잖아요. 수요가 늘어나니 공급도 늘겠죠? 육류 수요를 충당하기 위해 숲의 나무를 베어 넓은 목초지로 만들고 가축을 키워요. 이산화탄소를 빨아들이던 숲이 점점 사라집니다.

좀 우습긴 하지만 자꾸 방귀 이야기를 해야겠는데요, 소가 트림을 하고 방귀를 뀌는 것이 아주 큰 문제입니다. 고약한 냄새가 나는 메탄가스는 이산화탄소보다는 배출되는 양이 적지만, 훨씬 더 강력한 온실가스거든요. 전 세계 인구가 늘어나고 경제가 발전하면서 고기를 찾는 사람들이 많다 보니, 트림쟁이, 방귀쟁이 소들도 점점 늘어만 가고 있어 큰일이죠. 그래서 기후 운동가들은 하나같이 육식을 포기하고 채식을 해야 한다고 주장합니다. 고기 수요가 줄어야 축산업에서도 소를 덜 키우지 않겠어요? 유제품도 마찬가지고요.

실제로 한 연구에 따르면, 전 세계 80억 인구가 전부 육식을 포기하면 무려 80억 톤의 탄소 배출량을 줄일 수 있을 거라고 해요. 아까 줄여야 할 온실가스 총량이 510억 톤이었는데, 그중 80억 톤이면 어마어마한 수치죠. 예전처럼 그대로 비행기도 타고 전기도 팍팍 쓰면서 식습관 하나만 바꾸었는데 이만큼이나 줄일 수 있다니 말이에요.

하지만! 근사한 '겉바속촉' 스테이크를 포기하기는 현실적으로 너무 어렵습니다. 달콤한 초코우유며, 떡볶이 위에 꾸덕하게 올라간 치즈는 또 어떻고요. 육류와 유제품 소비가 기후 위기의 적인 건 알겠는데 아예 포기하긴 참 어렵겠죠?

베지테리언에도 종류가 있다?

그래도 식습관은 '모 아니면 도'가 아닙니다. 고기를 아예 끊는 건 어렵지만, 두 번 먹을 것을 한 번만 먹는 건 가능하니까요. 실제로 채식주의는 스펙트럼이 상당히 넓어 막연하게 그냥 풀만 먹는 사람이라고 생각하면 안 됩니다. 동물성 음식이라면 달걀조차 먹지 않는 '비건'부터 일주일에 한 번 정도만 고기를 먹는 '플렉시테리언'까지 다양하답니다. 붉은 육류 대신 탄소 발자국이 훨씬 작은 닭고기만 섭취하는 사람들도 있고요.

게다가 채소로 고기와 비슷한 맛과 식감을 내는 대체육도 점점 각광받고 있어요. 고기와 똑같은 맛을 내는 햄버거 패티도 있고, 실험실에서 세포를 가지고 가공한 치킨 너겟도 시장에 출시되었죠. 심지어는 귀뚜라미 같은 식용 곤충에도 관심이 집중되고 있습니다. 소를 키울 때처럼 넓은 공간이 필요하지도 않으면서 양질의 단백질을 제공하니까요. 그 자체로 먹는 것은 아무래도 좀 혐오감이 들 수 있어 분말 형태로 많이 유통된다고 합니다. (쿠팡에도 건조 귀뚜라미를 팔아요!) 귀뚜라미까지는 아니어도, 맘만 먹으면 고기 외의 식단도 풍부하다는 이야기입니다. 기후도 기후지만 채식 비율을 늘리면 좋은 점이 많습니

미래의 대체 단백질원으로 각광받는 곤충 분말

다. 건강에도 좋고 동물 복지도 개선할 수 있으니까요. 자신에게 잘 맞는 식습관을 선택해 좀 더 건강하고 기후에도 도움이 되는 변화를 시도해 보는 건 어떨까요?

뻔하지만 뻔하지 않은
탄소 발자국 줄이기

유튜브에서 '탄소 발자국 줄이기'를 검색하면, 대개 재미가 없는 영상들입니다. 아무래도 탄소 발자국에 관한 내용은 개인이 접근하기 어렵고 재미없다는 인식이 강한 거겠죠. 가까운 거리는 걸어가라는 말이나 냉난방을 너무 많이 하지 말라는 말은 식상할 테니까요. 하지만 이런 내용을 안다고 해서 실제로 꼭 실천에 옮기는 사람은 많지 않을 겁니다.

우리나라에서 개인이 한 달에 배출하는 탄소 배출량은 1,000kg이 넘는다고 해요. 이걸 '내가 뺄 살이다'라고 생각하고 조금씩 실천에 옮겨 보면 어떨까요?

　① 육류나 유제품 소비를 조금 줄이기
　② 냉난방 온도를 1도씩만 높이거나 낮추기
　③ 되도록 대중교통을 이용하거나 도보로 다니기 등

또 한 가지, 우리가 생각해 볼 부분은 휴대폰 스크린 속에 남는 탄소 발자국입니다. 유튜브에, 이메일에, 넷플릭스에 남는 발자국인데요, 이렇게 인터넷 사용과 관련된 탄소 발자국을 '디지털 탄소 발자국'이라고 부릅니다. 여러분 세대는 특히 디지털 세계에 탄소 발자국을 남기는 것이 일상화되어 있지요. 2007년만 해도 전체의 1퍼센트에 불과했던 디지털 탄소 발자국은 10년 만에 세 배로 뛰었을 정도니 말입니다.

온라인 활동은 모두 서버가 구동되고 전력을 소모하는 일이고, 특히 데이터 센터는 어마어마한 양의 전기와 물을 소비합니다. 영국에서 시행한 한 연구에 따르면, 이메일을 주고받다가 끝마칠 때 "감사합니다"라는 짧은 답장을 쓰지 않기만 해도 연간 16,433톤의 온실가스가 절감된다고 해요. 하루에 전 세계에서 사람들이 주고받는 이메일은 무려 2천억 통이 넘는데 (2019년 기준), 이로 인해 이산화탄소 98만 7,000톤이 배출됩니다. 계산해 보면 이메일 한 통당 약 4그램의 이산화탄소가 배출되는 셈이지요.

벌새도 아니고 4그램이라니 누구 코에 붙이나 싶지만, 생각해보면 쓸데없는 이메일도 엄청 많거든요. 보통 이메일 함을 꽉꽉 채우는 건 중요한 업무 메일이나 개인적인 메일이 아닌, 광고 메일인 경우가 많습니다. 관심이 생겨 구독한 뒤에 깜박 잊고 열어 보지 않는 이메일이 얼

데이터 센터와 디지털 탄소 발자국

마나 많나요? (실제로 광고 이메일의 75퍼센트는 한 번도 열지 않는다고 하네요.) 그런 수많은 구독 이메일 중 원치 않는 17통만 구독을 취소해도 1년이면 아래와 같은 효과가 있다고 합니다. 몇 번의 클릭만으로 달성할 수 있는 것 치곤 괜찮죠?

  - 비닐봉지 83개 덜 사용하기
  - 블랙커피 39잔 덜 마시기
  - 자동차 주행 3km 덜 하기

또, 한국환경공단에서 실시하는 '탄소중립실천포인트'라는 것도 있는데, 친환경 제품을 구매하거나, 다회용 컵/개인용 컵 사용, 무공해차 대여, 전자 영수증 발급 등을 실천했을 때 현금이나 포인트를 제공하는 제도입니다. 실제로 환경을 위한 실천이 내 지갑을 채워 주니 일석이조지요.

탄소 발자국 줄이기 챌린지! 뻔한 것 같아도 실제로 실천에 옮기는 건 참 힙하고 멋진 일이랍니다. 인스타그램에 맛집 사진만 올리지 말고 탄소 발자국을 줄이는 '개념녀', '개념남' 포스팅도 함께 올려 보면 어떨까요?

"
토론거리

이 책에서 소개한 탄소 발자국을 줄이는 방법 중 내가 가장 쉽게 실천할 수 있는 것은 무엇일까요? 그 이유도 무엇인지 함께 이야기해 봅시다.

3

빙글빙글 돌아가는
순환 경제

멋쟁이 프라이탁 가방

요즘은 천연 가죽보다는 인조 가죽이, 모피도 인조 모피가 더 유행한다고 하죠. 젊은 세대는 가방도 예전처럼 무조건 명품이라고 좋아하지 않습니다. 동물을 죽여서 얻은 가죽과 털이 자랑거리가 되지 않는 것처럼, 명품 로고가 있다고 해서 무조건 사고 싶어 하는 소비자들도 많이 줄었기 때문이에요. 의식 있는 소비자들이 늘어난 것이죠.

이런 사람들이 선호하는 가방 중 프라이탁Freitag이라는 브

최근 트렌드가 된 업사이클링

랜드가 있습니다. 프라이탁은 예전 같으면 그냥 버려질 트럭 방수포를 재활용해 실용적인 가방으로 탈바꿈시킨 '업사이클 링upcycling' 제품인데요, 독특한 디자인으로 눈을 사로잡습니 다. 재활용한 제품이지만 가격도 예상 외로 비싸서, 30~40만 원대 정도랍니다. 그래도 명품 가방에 비하면 저렴할뿐더러, 환 경에 신경 쓰는 소비자에게 인기가 좋습니다.

이렇듯 예전과는 다르게 '리사이클링', '업사이클링' 이런 말들이 주변에서 많이 들립니다. 핵심은 지구의 자원을 한 번만 쓰고 버리는 게 아니라 여러 번 사용하자는 거죠.

직선형 경제 vs. 순환 경제

기후 위기는 인간이 너무나 많은 활동을 하기 때문에 생겨났습니다. 끊임없이 뭔가를 열심히 만들고, 신고 다니고, 팔고 사러 다니죠. 현재 온실가스 배출량의 62퍼센트는 재화를 생산하는 데 쓰입니다. 그래서 조금이라도 기후 변화에 도움이 되려면 덜 만들고 덜 쓰는 것이 필요합니다.

사실 지금까지 경제는 '더 많이, 더 많이'를 외치고 있었습니다. 지구의 자원을 아낌없이 캐내 공장에서 최대한 많은 물건을 만든 다음, 좀 더 많은 사람에게 팔아야 '경제 호황'이라는 소리를 들을 수 있었으니까요. 즉, 지구의 자원을 '가져다가 → 만들고 → 쓰고 버리는' 3단계의 과정이 일반적이었습니다. 말 그대로 '직선형 경제linear economy'였죠.

하지만 쓰고 버리는 대신, 다른 식으로 다시 사용하면 어떨

직선형 경제	순환 경제
가져다가 - 만들고 - 버리기	만들고 / 쓰고 / 재활용
유한한 에너지원으로부터 에너지 조달	재생 가능 에너지원으로부터 에너지 조달

직선형 경제 vs. 순환 경제

까요? 그러면 직선이 아니라 동그라미 모양이 됩니다. 이걸 조금 어려운 말로 '순환 경제circular economy'라고 불러요. 쉽게 생각할 수 있는 것이 재활용이죠. 한국은 분리배출에 대한 규정이 상당히 엄격해 여러분도 가정에서 쓰레기를 아무렇게나 버리지 않고 재활용할 수 있는 것은 모두 분리해 배출하는 일이 익숙할 거예요. 하지만 다른 나라에서는 멀쩡한 플라스틱 제품이나 종이를 일반 쓰레기와 함께 마구잡이로 버리는 경우가 흔한데, 순환 경제와는 정반대라고 볼 수 있습니다.

앞서 말한 프라이탁 가방은 단순히 버릴 제품을 다시 쓰는 게 아닙니다. 보통 재활용이나 재사용을 하면 처음보다 그 물건의 가치가 더 낮아지게 마련입니다. 폐지를 버리면 이를 재활용해 달걀을 넣는 종이상자 같은 것으로 만드는데, 이건 이전보다 저렴하고 다시 사용되기도 어렵죠. 이에 반해 프라이탁은 버려진 방수포를 값싼 가격으로 사들인 뒤 디자인이라는 '가치'를 붙여 더 비싸게 팝니다. 이것이 바로 '업사이클링'입니다.

순환 경제에서는 이처럼 다시 쓰고 아껴 쓰는 것뿐 아니라, 업사이클링처럼 자원을 폐기 처분하는 대신 다양한 모습으로 다시 사용합니다. 지금처럼 지구의 자원을 마구잡이로 사용하면 지구라는 행성이 네 개는 더 필요하다고 해요. TV에 자주 나오는 방송인 타일러가 《두 번째 지구는 없다》라는 책을 쓴 것처럼, 네 개는커녕 지구는 단 한 개뿐인데 말입니다. 그러니 순환 경제에 신경을 쓰는 것이야말로 우리가 지구를 위해 할 수 있는 일이겠죠?

우리 제품을 사지 마세요!

자원을 아끼자고 해서 아예 아무것도 사지 말자는 건 아닙니다. 아무리 지구가 걱정돼도 평생 똑같은 옷만 입고 똑같은 물건만 쓰면서 살아갈 순 없는 노릇이니까요. 대신 물건을 한 번 구매할 때 현명하게 구매하면 돼요. 그럼 어떤 제품을 사는 것이 좋을까요? 여기서는 좋은 기업이 만드는 좋은 제품의 사례를 하나 소개해 볼게요.

사업이란 자고로 많이 팔려야 돈을 많이 버는데요, 그것과는 정반대의 철학을 가진 신기한 기업이 있습니다. "최고의 품질로 만들었으니 한 번만 사서 평생 입어라"라고 말하는 기업이에요. 바로 '파타고니아'라는 브랜드입니다. 등산복을 비롯한 각종 운동복으로 유명하죠.

여러분도 한창 옷에 관심이 많을 나이죠. 사실 의류는 버려지면 다 미세 플라스틱 쓰레기가 됩니다. 코로나19 위기 이후 거의 매일 사용하던 마스크도 마찬가지고요. 그래서 되도록 품질 좋은 옷을 사서 최대한 오래 입는 것이 지구 환경을 위하는 길입니다. 파타고니아도 이런 점을 잘 알고 있어 하나의 옷을 평생 수선해 주는 '원웨어Worn Wear' 프로그램을 운영하고 있답니다.

이 기업은 일찍이 매출의 1퍼센트를 자연환경 보존과 복구에 사용하는 '지구세Earth Tax'를 도입한 것으로도 유명합니다. 의류 생산이 지구의 자원과 에너지를 쓰는 것이니, 규모가 커져 봤자 환경과 기후에 좋을 리 없으니까요. 사실 전 세계적으로 이렇게나 많은 옷이 팔리는 거대한 다국적 기업이 이런 주장을 하는 게 뭔가 앞뒤가 맞지 않아 보일 수는 있는데요, 어쨌든 이 기업이 순환 경제에 예전부터 관심을 기울이고 있는 것만은 틀림없는 사실입니다.

물론 파타고니아만 이런 노력을 기울이는 건 아니에요. 지속 가능한 소재를 사용하는 리바이스, 친환경 원료를 사용하려고 노력하는 바디샵과 로레알, 칸쵸 같은 과자에 들어가는 플라스틱 완충재를 종이 재질로 바꾼 롯데제과 등 국내외 수많은 기업이 조금씩 환경을 위해 애쓰고 있거든요. 아직은 거대한 바다에 조그만 조약돌을 던져 넣는 것과 다를 바 없지만, 소비자들이 두 눈을 부릅뜨고 지켜보는 이상 앞으로 점점 더 좋은 방향으로 바뀌리라 기대합니다.

소비자들이 기후 위기에 대처하는 방법은 결국 어떤 기업이 순환 경제에 신경을 쓰는 '착한' 기업인지 알아 두는 겁니다. 뭐니 뭐니 해도 기업들은 결국 소비자에게 물건을 팔아야 하는 입장이고, 따라서 소비자가 원하는 대로 움직이게 마련이거든요. 이런 기업들이 잘될수록 더 친환경적인 기업들이 많이 생겨날 것이고, 그럴수록 우리의 경제가 순환 경제에 더 가까워질 겁니다.

토론거리

여러분이 알고 있는 '착한 기업'은 무엇이 있나요? 그 기업이 순환 경제에 신경을 쓰는지 어떻게 알 수 있을까요?

5장

우리가 살아갈 세상은

1

시스템이 바뀌지
않으면 소용이 없다

컴퓨터 앞에 데려다 놓고 게임하지 말라고?

집 안 곳곳 눈 닿는 곳마다 컴퓨터가 있다고 생각해 보세요. 초
고속 와이파이는 물론이고 재미있는 게임들도 왕창 깔려 있습
니다. 부모님이 집 안을 이렇게 세팅해 놓고 여러분에게 "무슨
게임이야! 게임은 꿈도 꾸지 말고 공부나 해!"라고 말한다고 상
상해 봅시다. 아니, 그건 좀 아니지 않나요?

지금까지 개인의 탄소 발자국을 줄이고 기후 위기에 대처하
는 방법들을 열심히 알아봤습니다. 하지만 사실 개인의 노력만

여기서 게임을 하지 말라고?

으로 기후 위기를 극복한다는 건 컴퓨터를 코앞에 놓고 게임을 하지 말라고 하는 것과 다름없습니다. 사회 구석구석에서 화석 연료가 사용되고 있는데 이렇게나 편리한 생활 방식을 거부하라고 요구하는 거잖아요. 자동차를 타고 가면 될 것을 굳이 걸어갈 사람이 몇이나 될까요?

안 그래도 얼마 전에 빌 게이츠가 이런 말을 했습니다. "사람들에게 고기를 먹지 말고 큰 집에 살지 말라고 하는 것만으로는 기후 위기를 해결할 수 없습니다." 정말 맞는 말이에요! 인간은 본능적으로 맛있는 걸 먹고, 커다란 집에서 에어컨을 빵

빵 틀면서 사는 걸 원하니까요. 옷도 계절마다 바꿔 가며 멋있게 살아가고 싶은데, 순환 경제에 신경 쓰느라 옷을 한 벌만 입으라니요?!

게임을 끊으려면 쉽게 게임에 접속할 수 없는 환경을 만들어야 합니다. 기후 위기도 마찬가지예요. 개개인의 의지와 노력만으로 해결할 수 있는 부분은 한계가 있어요. 숨 쉬듯 화석 연료를 사용하는 사회 전체의 시스템이 바뀌어야만 합니다. 개인이 큰 노력을 들이지 않고 생활하더라도 탄소 발자국이 남지 않는다면 얼마나 좋을까요?

시스템은 어떻게 하면 바뀔까?

공부하라고 잔소리하려면 부모님도 자녀가 조용히 공부할 수 있는 환경을 만들어 줘야겠죠? 책상과 책만 놔두고 컴퓨터, 와이파이, 휴대폰은 없애 버리면 공부하기 싫어도 조금은 할 수밖에 없습니다. 기후 위기도 마찬가지예요. 화석 연료가 만연한 환경부터 바꿔야 합니다. 에너지원에서 화석 연료 의존을 조금씩 줄이고 청정에너지로 대체해 나가야 해요. 이건 개인이 집에서 어떻게 해볼 수 있는 게 아니라 정부의 정책이 필요한 부분이죠. 방 안에 컴퓨터를 세팅할지 책상을 놔 줄지 결정하는 게 부모님의 몫인 것처럼 말이에요.

또 하나, 정책이 필요한 부분이 있습니다. 당장 컴퓨터를 못 치워서 게임을 좀 한다고 해도 솔직히 세상이 망하는 건 아니잖아요. 게임을 많이 해서 성적이 조금 나빠지더라도 아예 손에서 내려놓지 않도록 병행해 나가는 것이 필요합니다. 나중에 하고 싶은 걸 선택할 때 걸림돌이 되지 않을 정도로 말이죠. 마찬가지로 지구가 더워지는 걸 완전히 막지는 못하더라도, 더워진 지구에서도 잘 살아갈 수 있도록 대비책을 세우는 것이 중요합니다.

앞서 욕조의 비유에서도 보았듯이, 당장 수도꼭지를 잠그더라도 콸콸 받아 놓은 물이 다 어디로 가는 건 아니거든요. 그래서 앞으로 어느 정도 더워지는 건 예상해야 해요. 미래에 더 더워진 세상에서, 홍수와 가뭄이 지금보다 심각해지고 자연재해가 더 잦아졌을 때 사람들을 보호할 수 있는 시스템이 생겨야 하죠. 재난 대비 시스템이 잘 갖춰져 있어야 기후 위기 속에서 피해를 보는 사람들이 줄어들 겁니다.

더워진 지구에서도 걱정 없이 살아가려면?

이처럼 시스템을 바꾼다는 건 생각보다 복잡한 일입니다.
개개인의 노력을 넘어서는 큰 그림이 필요한 지점이랍니다.

이제는 기후 변화 적응
정책이 뜬다

해안가에 집을 짓고 산다고 생각해 보세요. 오션 뷰가 참 멋지겠지요? 그런데 기후 위기 때문에 해수면이 상승하면 집이 침수하는 일이 점점 잦아집니다. 기껏 바닷가에 집을 지었는데, 이를 어떻게 해결하면 좋을까요? 물론 궁극적으로는 기후 위기를 해결해 해수면이 더 이상 상승하지 않도록 해야 합니다. 그러나 해안가에 사는 사람이 당장 할 수 있는 일은 뭘까요? 어떻게든 높아지는 해수면에 피해를 입지 않도록 조치를 취하는 것이 우선입니다. 제방을 쌓거나 집 아래에 기둥을 세워 수면 위로 한 뼘 높이 고쳐 지을 필요가 있을 거예요.

이처럼 기후 위기에 대처하는 방법에는 크게 두 가지가 있습니다. 온실가스를 줄이려는 근본적인 해결법을 '완화(mitigation)'라고 부르고요, 더워진 세상에서도 삶의 질을 유지하며 살아가려는 해결법을 '적응(adaptation)'이라고 해요. 한편으로는 기온이 더 이상 상승하지 않도록 온실가스 배출을 줄여야겠지만, 다른 한편으로는 더워진 세상에서도 피해를 최소화할 수 있도록 노력해야 한다는 말이지요. 온실가스 배출이 언제쯤이나 줄어들지 이제나저제나 기다리기에는 세상이 이미 너무 더워져 있을 테니까요. 이처럼 기후 변화라는 문제가 존재하는 한, 완화와 적응은 병행해 추구할 목표입니다.

예전에는 적응보다 완화 정책이 우선이었지만, 기후 위기 탓에 피해를 입는 사람들이 점점 많아지자 적응 정책이 점점 주목받고 있습니다. 지난여름 강남 물난리가 났을 때도 배수 시스템을 점검하고 홍수 대비책을 다시 세웠어요. 앞으로 홍수와 가뭄, 태풍이 점점 심해질 것이므로 여러 극단적인 상황을 예상하고 시나리오별로 대책을 세워야 합니다. 그렇다면 더위에 적응하는 방안에는 구체적으로 어떤 것들이 있을까요?

제일 쉽게 생각할 수 있는 것은 냉방입니다. 더워지면 에어컨을 켜서 더위에 적응해야죠. 하지만 에어컨을 켤 수 없는 사람들은요? 취약계층도 값싸고, 청정하게 냉방에 접근할 수 있는 정책을 마련해야 합니다. 또 건물을 지을 때는 나라마다 일정한 건축 기준을 지키도록 되어 있는데요, 극단적인 기상 현상에도 견딜 수 있도록 건축 기준을 개선하는 것이 필요합니다. 태풍이 잦은 지역이라면 좀 더 튼튼하게, 해안가라면 둑 높이를 좀 더 높게 변경해야겠지요.

자연재해에 대비하는 바닷가의 방둑

기후 위기 시대에는 가뭄도 큰 문제입니다. 기온이 올라가면 대기가 머금을 수 있는 물의 양이 많아지는데요, 그래서 원래 건조했던 지역은 대기가 물기를 쪽쪽 빨아들여 더 건조해지게 마련이거든요. 가뭄이 걱정되는 지역은 비상 수자원을 확보해 놓아야 하고, 가뭄에 더 강한 작물을 개발하고 보급할 필요가 있습니다. 농수산업이나 임업은 자연 환경에 크게 의존하기 때문에 이러한 대비책이 더욱 중요합니다.

이보다 더 극단적인 적응 방안은 뭘까요? 바로 '이주'입니다. 한반도는 아직 그 정도까지는 아니지만, 몰디브나 투발루 같은 작은 섬나라들은 해수면의 상승으로 국가의 존재 자체를 위협받고 있거든요. 그래서 인공 섬을 미리 만들어 놓기도 하고, 다른 나라로 자국민을 이주시키기도 합니다. 이런 이주민을 '기후 난민'이라고 불러요. 자기가 살던 땅을 아예 떠나야 한다는 게 참 슬프지만, 어쩌겠어요? 더워진 세상에 적응하려면 이주만이 유일한 선택인데 말이에요.

미래의 암울한 모습들을 그려 보며 취약점을 곱씹는 것은 상당히 우울한 일이지만, 적응이 꼭 이렇게 부정적인 결과만 낳는 것은 아니랍니다. 러시아의 경우 원래 날씨가 춥기로 유명하잖아요? 하지만 기후위기 시대에는 러시아의 얼어붙은 땅도 경작이 가능해질 것이라고 합니다. 그래서 러시아가 식량 패권을 움켜쥘까 걱정하는 경쟁국들도 많지요. 물론 이는 극히 일부의 긍정적인 시나리오고, 대부분은 힘들게 적응해야 한다는 사실을 잊지 마세요.

화폐 투표와 정치 투표

시스템이 바뀌는 것이 필요하다고 해서 개인의 노력이 중요하지 않다는 건 아닙니다. 나 하나쯤이야 별것 아니라며 포기하지 마세요. 한 사람의 힘은 대단치 않아도, 하나하나 모이면 시스템을 바꾸는 거대한 물결이 되거든요. 탄소 발자국을 줄이고 기후 위기에 관심을 기울이는 사람이 많아지면 정치도, 경제도 그 흐름에 따라 움직이게 됩니다.

구체적으로는 이런 개인의 힘이 투표를 통해 나타납니다. TV 오디션 프로그램에서 '최애'를 뽑는 문자를 보내는 것도 한 표 한 표를 행사하는 일종의 투표입니다. 자신의 의지를 반영시키는 거예요. 마찬가지로 여러분이 어른이 되면 정치 투표를 통해 나라나 지역을 대표하는 사람을 뽑을 겁니다. 이때 잘 뽑아야 해요. 기후 위기에 대해 어떤 사람이 더 적극적인 정책을 가지고 있는지 살펴보고, 실질적인 변화를 가져올 수 있는 인물을 뽑아야 지구의 미래에 희망이 있겠죠. 사실 한국뿐 아니라 미국이나 유럽 국가들에서도 어떤 사람이 최고 권력자가 되느냐에 따라 기후 정책이 확확 바뀌곤 합니다. 일관적이고 적극적으로 온 힘을 다해도 모자랄 판에, 기후 변화에 우선순위를 두지 않는 정치인이 좋은 정책을 몽땅 폐기해 버릴 수도 있으니 정말 큰일이지요.

따라서 시민들이 두 눈을 부릅뜨고 지켜봐야 합니다. 선거 때마다 후보들의 기후 정책을 꼼꼼하게 살펴보고, 말이라도 적극적으로 하는 사람이 누군지 잘 알아 둬야겠죠. 공약으로 내세운 약속을 다 지키진 못하더라도 아예 뒷전인 사람보다는 나을 테니까요. 선거철이 아니더라도 당국에 청원하거나 건의하고 관련 비영리 단체를 후원하는 것도 적극적으로 나의 의견을 피력하는 좋은 방법입니다.

유권자로서 행하는 정치 투표만이 투표는 아닙니다. 소비자로서 돈을 현명하게 쓰는 일도 일종의 '화폐 투표'로 볼 수 있어요. 돈이 일종의 투표권 같은 것이죠. 시중에 나와 있는 여러 제품 가운데 좋은 기업의 제품을 골라 소비하는 것이야말로 그 기업에 '투표하는' 것이니까요. 순환 경제에 신경 쓰는 좋은 기업의 제품을 소비하라고 당부하는 것도, 그것이 시장 전체의 방향을 좌우할 수 있기 때문입니다. 눈치 챈 친구들도 있겠지만, 요즘 생수병에 부착되어 있던 비닐 띠가 없어진 경우가 많습니다. 소비자들이 분리배출이 귀찮기도 하고 환경을 생각하

나 하나부터 바뀌면…

기도 해서 이왕이면 비닐 띠를 없앤 페트병을 구매하기 때문인데요, 한 기업이 시작하자 곧 다른 기업들도 줄지어 따르기 시작했어요. 소비자들의 반응이 좋았을 뿐더러, 기업 이미지까지 좋아지는 효과가 있기 때문이에요. 이처럼 기업은 소비자들의 선호에 매우 민감합니다. 현명한 소비자는 시장을 변화시킬 힘이 있습니다.

여러분 개인에게 탄소 발자국을 줄이라고 잔소리하는 이유는, 그렇게 감축할 수 있는 탄소 발자국이 엄청나게 커서 그런

것이 아닙니다. 줄어든 탄소 배출량 자체는 생각보다 미미할 수도 있어요. 하지만 그보다 사회 전체에 변화를 일으킬 수 있는 씨앗을 심는 일이기 때문에 개인적으로 꼭 노력하라고 당부하는 것입니다.

99

토론거리

carbonfootprint.com이라는 사이트에 가면 여러분 개인의 탄소 발자국을 계산할 수 있습니다. 탄소 발자국을 계산해 보고, 한국의 연간 탄소 배출량 6억 톤 중 얼마나 차지하는지 가늠해 봅시다.

2

기후라는 위기에도
기회는 있다

정책이 이끌고 시장이 따라온다

예전에 '카파라치'라는 새로운 알바가 화제가 된 적이 있습니다. 그게 뭐냐고요? 카파라치란 '자동차car'와 '파파라치'를 합쳐 만든 신조어예요. 교통 법규를 위반한 차량을 발견해 사진을 찍은 뒤, 이를 신고해 포상금을 받는 사람들을 말합니다. 경찰이 일일이 단속하기 어려우니 사고가 잦거나 단속이 어려운 지역에서는 이렇게 시민들의 힘을 빌리는 것이지요.

기본적으로 교통질서는 어기면 벌칙을 받는 '규제'잖아요.

그런데 이 규제 덕분에 용돈 벌이를 할 수 있는 '시장'이 창출된 겁니다. 이처럼 규제나 보조금 같은 정부의 정책은 새로운 시장을 이끌어 주는 견인차 역할을 합니다. 정책이 얼마나 큰 힘을 갖는지 사례를 한번 들어볼까요?

알다시피 독일은 햇빛 찬란한 나라가 아닙니다. 아니, 오죽하면 세계적인 철학자들을 그렇게 많이 배출했겠어요? 밖에 나가 노는 대신 집 안에 가만히 앉아 골똘히 생각만 했으니 철학이 발달했겠죠. 그런 땅에서 햇빛으로 전력을 생산한다고 상상해 봅시다. 과연 태양광 발전이 얼마나 가능할까요? 객관적으로 보면 독일의 태양광 잠재성은 보잘것없습니다. 추운 알래스카보다도 적은 수준이라고 하니 말이에요.

그런데 놀랍게도 독일의 태양광 발전량은 엄청나다고 합니다. 사실 아직도 전 세계적으로 봤을 때 태양광 발전으로 생산되는 에너지의 비율은 고작 3~4퍼센트 남짓이거든요. 그런데 독일은 어떨까요? 2022년 여름에는 무려 20퍼센트가 태양광으로 이루어졌습니다. 정부가 오래전부터 태양광 발전을 꾸준히 밀어준 덕분인데요, 법과 제도를 만들고 연구 개발에도 돈을 많이 투자했습니다. 그래서 태양광 설비의 크기는 2000년

태양광 강국 독일

대 이후 지금까지 꾸준히 늘고 있다고 해요.

독일의 태양광 시장 확장 사례를 보면 정부의 정책이 갖는 힘이 얼마나 큰지 잘 알 수 있습니다. 정부가 개입하지 않으면 사실 청정에너지를 늘리기가 어려워요. 왜냐하면 깨끗한 에너지는 비싸니까요. 화석 연료는 쉽게 구할 수 있는 데다 발전소도 이미 다 지어져 있으니, 새로 설비를 지어 태양광이나 풍력 에너지를 사용하는 것보다 훨씬 저렴합니다. 이 상황에서 누가 많은 돈을 들여 청정에너지로 전기를 만들겠어요?

그러나 정부가 적극적으로 개입해 정책을 펼쳐 주면 이야기가 달라집니다. 화석 연료를 사용할 때 벌금을 물게 한다든가, 반대로 재생 에너지를 쓸 때 보조금을 지급하면 화석 연료와 재생 에너지의 가격이 뒤바뀔 수 있잖아요. 화석 연료를 쓰는 것보다 재생 에너지를 쓰는 게 더 이상 가격 부담이 되지 않는다면, 기업들 입장에서도 재생 에너지를 마다할 이유가 없는 거죠. 재생 에너지를 찾는 사람들이 많으니 그만큼 시장은 활발해지고 커집니다. 정부는 이런 식으로 개입해 청정에너지 시장을 키워 줄 수 있습니다.

기후 변화 시대에는 어떤 산업이 뜰까?

시장이 커진다는 말은 무엇을 의미할까요? 네, 바로 돈이 몰린다는 겁니다. 예를 들어, 전기 차를 생각해 볼까요? 주식을 좀 하는 사람이라면 2021년쯤에는 테슬라Tesla 사의 주식을 미리 사둘걸, 하며 땅을 치며 후회했을 겁니다. 2012년 고작 2달러도 되지 않던 테슬라의 주식이 2021년 무려 407달러까지 치솟았거든요. 물론 중간에 꽤 오르락내리락하기는 했지만, 테슬라의 가치가 초반에 비해 엄청나게 성장한 것만은 부인할 수 없는 사실입니다. 전기 차만 만드는 이 회사가 이렇게 폭발적으로 성장할 수 있었던 이유는 무엇일까요? 다름 아닌 기후 변화입니다. 누군가에게는 위기지만, 또 다른 누군가에게는 기회가 됩니다. 마치 카파라치가 새로운 시장을 찾아 쏠쏠하게 용돈 벌이를 했던 것처럼 말이에요. 기후 위기에 대처하기 위해 정부가 지금보다 더 적극적으로 여러 가지 정책을 펼치고 있고, 이에 맞춰 새로운 시장들이 계속 생겨날 겁니다.

테슬라의 사례는 화석 연료에 대한 규제가 점점 더 심해지고 있는 최근의 트렌드를 잘 보여줍니다. 예를 들어, 많은 선진국에서는 향후 10~20년 내에 석유를 쓰는 내연 기관 자동차 판매를 아예 금지시키겠다고 발표했습니다. 자동차를 구매하러 매장에 가면 팔고 있는 모든 자동차가 전기 차일 거란 말이죠. 그러면 이 규제 소식을 들은 기존의 자동차 회사들은 어떻게 할까요? 현대차나 도요타는 내연 기관 차로 회사를 키웠지만, 미래를 위해 전기 차 개발에 투자를 안 할 수 없겠죠. 그래야 미래에도 망하지 않고 먹고살 수 있을 테니까요. 그러니 전기 차를 디자인하고 연구하고 생산하는 사람들이 필요할 겁니다.

변화의 물결은 자동차 산업에만 일어나는 것이 아닙니다.

미래의 주인공, 전기 차

마찬가지로 요즘 흔히 쓰는 가스보일러를 금지시키고 전기 난
방으로 대체하겠다는 계획을 발표한 나라들도 있습니다. 천연
가스는 화석 연료지만 전기 난방은 온실가스를 배출하지 않으
니까요. 이 소식에 전기 난방 기기를 만드는 회사는 신났겠죠.
향후 시장이 커질 것이라는 예고나 다름없으니까요. 이처럼 미
래에는 화석 연료 관련 산업은 저물고, 청정에너지 산업이 떠
오를 겁니다. 기후 위기 시대에 어떤 시장이 각광받을 것인지
미리 알아 두면 진로를 정할 때 참 유용할 거예요.

청정에너지 시장이라고 해서 단순히 전기 차를 생산하는 기
업이나 선풍기처럼 생긴 풍력 발전기를 만드는 제조업만 '떡상'
한다고 생각하면 곤란합니다. 전기 차가 뜨면 전기 차 안에 들

어가는 배터리나 부품들, 충전소 관련 서비스업까지 모두 중요해질 거고요. 또, 신재생 에너지 시장이라 하면 태양광 패널이나 풍력 발전기를 만드는 제조업 말고도 전기를 만드는 발전업, 서비스업 등이 모두 포함되는 것이거든요. 청정에너지 발전에 필요한 기기를 만드는 것부터, 실제로 발전을 하는 산업, 그리고 관련 서비스업까지 합치면 현재 국내에 8만 2,000개나 되는 사업체가 있고, 이는 점점 더 늘어날 것으로 예상됩니다. 관련 서비스업이라 하면 뭔지 잘 와닿지 않지만, 발전 산업을 컨설팅하고 교육한다든지, 아니면 장비의 유지 및 보수를 돕는 업체 등 사례를 들어 보면 모두 성장 가능성이 높은 산업들이지요.

그리고 태양광이나 풍력 에너지 같은 신재생 에너지는 햇빛이 비치지 않고 바람이 불지 않을 때는 전기를 생성할 수 없기 때문에 에너지 저장 장치Energy Storage System, ESS라는 것이 꼭 필요한데, 이름도 생소한 이 ESS 시장은 지난 5년 간 거의 두 배로 성장했습니다. 덩굴에 열린 열매를 잡아당기면 다른 열매들이 주렁주렁 따라오듯이, 조금이라도 관련 있다면 다 활성화될 것입니다.

기후 위기 시대에는 어떤 직업을 가져야 할까?

그렇다면 여러분은 나중에 어떤 직업을 가지게 될까요? 기후 위기 시대에는 각광받는 직업이 옛날과는 다를 거예요. 청소년들이 선호하는 직업이 시대에 따라 바뀌는 건 당연하지요. 예컨대, 10년 전만 해도 '유튜버'는 생소한 직업이었거든요. 남들이 만든 콘텐츠를 소비하는 대신 누구나 자신만의 콘텐츠를 생산해 공유한다는 개념 자체가 없었죠. 하지만 이제 청소년들이 가장 선호하는 직업 중 하나가 유튜버입니다. 자신이 원하는 것을 하면서 돈까지 벌다니 정말 좋은 세상이네요.

디지털 시대에 유튜버나 틱톡커가 뜨는 것처럼 기후 위기 시대에도 뜨는 직업들이 있습니다. 녹색 일자리, 또는 그린 잡 green job이라는 말 들어 보셨을 거예요. 초록색 옷을 입고 일을 한다는 게 아니라, 지구 환경에 도움이 되는 재화나 서비스를 공급하는 직업을 말합니다. 예전 같으면 '기후 변화 전문가'나 '환경 컨설턴트', 'ESG 투자 책임자' 같은 직업은 무슨 일을 하는지 잘 모르는 사람들이 많았을 거예요. 하지만 이제는 점점 더 찾는 사람들이 많아지고 있답니다.

교육부에서 지정한 5대 유망 직업 중 하나에도 에너지-기후 변화 대응 전문가가 꼽힙니다. 말만 들어서는 대체 무슨 일을 하는 직업인지 애매모호하지만, 기후 변화가 미치는 영향을 분석하고 우리 삶에 미치는 피해를 예측해 구체적인 대안을 제시할 수 있는 사람을 말해요. 세계 곳곳에서 폭염, 가뭄, 물난리 등으로 몸살을 앓고 있으니 앞으로 점점 더 필요해지지 않겠어요? 여러분이 성인이 되면 기후 위기가 더 심각해져 있겠지만, 대신 그 위기가 가져다주는 기회를 누구보다도 잘 아는 사람이 있다면 전문가 대접을 받을 거예요.

특히 환경, 사회, 지배구조Environment, Social, Governance를 지칭하는 ESG는 최근 몇 년 간 경제 전반에 아주 중요한 의제가 되었어요. 예전에는 기업이 돈만 잘 벌면 장땡이었는데, 이제는 돈으로는 환산할 수 없는 환경적·사회적 책임도 고려해야 하는 세상이 되었습니다. 학생으로 치자면 성적만 좋은 학생보다는 인성, 교우 관계까지 전반적으로 좋은 학생을 선호하는 것과 비슷하다고나 할까요? 기업들은 ESG 경영 관리에 힘쓰고, 투자자들도 ESG를 고려해 투자를 결정하게 되었죠. 그러다 보니 ESG 좀 안다는 사람을 모셔 가려고 애쓰게 되었습니다. 사람들이 클릭을 많이 할수록 유튜브 채널로 벌어들일 수

요즘 뜨는 ESG

있는 수익이 많아지는 것과 똑같이, 찾는 사람들이 많은 직종이 보수를 많이 받을 수 있겠죠?

이처럼 산업과 직업 세계에서는 벌써 기후 위기의 영향이 감지되고 있습니다. 이런 변화가 화석 연료와의 작별을 가속화해 줄 거예요. 시스템이 이렇게 조금씩 변화하는 거죠. 그토록 거대한 피라미드도 가까이에서 보면 무수히 모아 놓은 돌무더기잖아요? 시스템의 변화도 결국은 정책과 시장 구석구석의 작은 변화에서 시작됩니다.

"
토론거리

관심이 가는 기후 변화 관련 직업이 있나요? 있다면 인터넷에서 그 직업에 관해 검색해 보고, 직업을 갖기 위해 무엇을 준비해야 하는지 알아봅시다.

기후 변화 관련 직업을
알아봅시다

국제 정유 회사 직원은 돈을 엄청 많이 벌기로 유명합니다. 워낙 기업 수익이 많으니 보수가 높을 수밖에 없죠. 그런데 최근에 미국이나 영국 등 서구권에서는 이런 고액 연봉을 받는 번듯한 직장을 때려치우고 새로운 직업을 탐색하는 사람들이 많다고 합니다. 왜 그런 걸까요?

　바로 기후 위기 때문입니다. 정유 회사에 다니면 돈은 충분히 벌 수 있겠지만, 환경과 기후에 관한 개인의 가치관이 맞지 않을 수 있겠죠. 석유를 개발하고 판매하는 회사는 아무래도 기후 변화의 적일 테니까요. 돈은 좀 덜 벌더라도 환경 관련 스타트업이나 비영리 단체 등으로 직장을 옮겨서 더 만족스러운 커리어를 이어 가고 있는 사람들이 많아졌다고 해요. 예전 같으면 연봉이나 '워라밸' 정도만 고려했을 직장인들이지만, 이제는 기후 위기도 직업 선택의 중요한 요소가 되었다는 말이죠. 이런 사람들을 '기후 사직자(climate quitters)'라는 신조어로 부른답니다.

전도유망한 태양광 패널 엔지니어

　기후 변화 관련 직업이라고 하면 대기 과학을 연구하거나 천문학, 해양학 등을 공부하는 사람들도 떠오르겠지만, 꼭 이렇게 어려운 과학을 공부해야만 하는 건 아닙니다. 기존 직업에서 기후 변화 쪽으로 가지를 쳐서 진로를 정할 수도 있거든요. 변호사 중에서도 환경 전문 변호사가 된다거나, 경영학을 전공한 뒤 지속 가능 경영 쪽으로 나갈 수도 있을 거고요. 기후와 농사는 밀접한 관련이 있기 때문에 요즘은 농업 전문가도 아주 중요해졌답니다. 태양광 패널이나 풍력 발전기를 다루는 재생 에너지 엔지니어도 전도유망한 직종이에요.

직접적으로 기후 변화와 관련된 일을 하고 싶다면 온실가스 기사나 온실가스 검증 심사원 등의 자격증도 취득할 수 있습니다. 또, 한국에너지공단이나 환경공단, 각종 교육 기관에서 기후 변화에 관한 내용을 배울 수 있는 과정을 개설하고 있고요.

그러나 실제로 관련 분야에서 지금 일하고 있는 사람들의 말을 들어 보면, 꼭 자격증이나 학위가 필수 조건은 아니라고 말합니다. 요즘 ESG 민간 자격증이나 ESG 전문가 과정이 우후죽순 생겨나고 있지만, 업계에 있는 사람들은 정작 진짜 전문가를 찾기 어렵다고 말하거든요. 기후 변화에 대한 인류의 지식은 나날이 변하고 있으며 비교적 새로운 분야이기 때문에 자격증이나 학위만으로 자신의 역량을 입증하기는 어렵습니다. 기후 위기의 심각성을 인지하고 능동적으로 대처해 나갈 수 있는 능력이 있다면 어디에서나 환영받는 인재가 될 것입니다. 여러분의 꿈은 무엇인가요? 기후 위기 속에서도 빛을 발할 수 있는 직업을 선택하길 바랍니다.

위기라는
일상

"요즘 유튜브 채널 뭐 봐?"

친구들을 만나면 보통 무슨 이야기를 나누나요? 요즘 좋아하는 연예인 이야기, 새로 생긴 재미난 유튜브 채널 이야기, 인터넷에 돌아다니는 웃긴 트윗이나 밈 이야기를 많이 하겠죠? 누구도 "이번 기후 협상에서 중국의 태도를 보니 향후 배출권 거래제의 효과가 의심되네"라는 말을 하지는 않습니다. 사실 지금까지 실컷 기후 위기에 대해 떠들었지만, 인정할 건 인정하자고요. 기후 변화 이야기는 솔직히 '노잼'입니다.

명절 때 친척 어른들이 모이면 꼭 정치, 경제, 금리, 부동산 이야기 같은 걸 하시죠? 어릴 때는 뭐 저런 재미없는 이야기만 하루 종일 하고 앉아 있나 싶었지만, 어른이 되면 이해가 갑니다. 당장 먹고사는 일이 달려 있기 때문에 재미를 떠나 관심사가 거기로 향할 수밖에 없다는 사실을요. 당장 집을 사야 하는데 부동산 정책이 바뀐다거나, 대출을 받았는데 금리가 오르면 온 신경이 뉴스로 집중될 수밖에 없거든요. 기후 위기도 여러분 세대에는 명절 단골 주제가 될 거예요. 그만큼 일상 속에 깊이 침투해 있을 테니까요. 기후 위기에 대해 잘 모르는 어르신들도 예전보다 확실히 더워진 여름 날씨에 대해 말씀하시는 것을 보면, 이미 우리네 삶에 중요한 사안으로 떠오르고 있는 것이 분명합니다.

기후 위기는 아직은 먼 미래의 이야기 같지만 꼭 그렇지도 않습니다. 혹시 부모님이 맥주를 좋아한다면 이렇게 말해 보세요. 기후 변화로 보리 수확량이 크게 줄어 맥주 가격이 두 배로 오를 날이 머지않았다고요. 커피를 좋아하는 친구들에게도 한파 등 이상 기후로 커피 재배가 점점 어려워진다는 슬픈 소식을 전해 보세요. 기후를 걱정하는 것은 지구를 위한 거창한 일이 아니라 우리의 평범한 일상을 지키고자 하는 소박한 마음

기후 변화로 위기에 처한 커피와 맥주

일 뿐입니다.

그러니까 재미있고 신나는 주제는 아니지만 기후 위기에 대해 좀 더 일상적으로 말할 수 있어야 합니다. 요즘은 책만이 아니라 TV나 유튜브 프로그램, 각종 전시, 인스타툰, 웹툰 등 청소년들이 쉽게 접할 수 있는 자료가 무척 많습니다. 관심을 기울이고 뉴스를 챙겨 보는 것만으로도 여러분은 이미 기후 위기 해결에 한 걸음 다가가는 겁니다.

기후 정의, '강약약강'은 싫어

기후 변화에 관심을 기울이자는 이야기 자체가 사치일지도 모르겠습니다. 어떤 나라들은 이미 기후 변화를 느끼는 것을 넘어 그 피해를 오롯이 겪고 있으니까요. 국제이주기구IOM에 따르면, 자연재해 때문에 강제로 고향을 떠나야 하는 기후 난민이 2050년에 이르면 최대 10억 명까지 발생할 수 있다고 해요. 예전에는 '난민'이라고 하면 전쟁이나 정치 탄압 때문에 본국을 떠날 수밖에 없는 사람들을 떠올렸지만, 기후 변화가 가져오는 수많은 재해가 새로운 형태의 난민 문제를 불러온 것이죠.

앞서 언급한 해안가 섬나라 국민들은 이미 해수면 상승 문제로 고향을 버리고 이주하고 있습니다. 해안가가 아니더라도, 뜨거워진 기후에 적응할 여력이 없는 가난한 나라의 국민들 역시 강제 실향민이 될 것이고요. 가뭄에 농사를 망치고 마실 물조차 없으면 살던 땅을 버리고 다른 곳으로 이사를 갈 수밖에 없으니까요. 가난한 나라의 국민들만 기후 난민이 되는 건 아닙니다. 지구가 더워져 허리케인의 강도가 점점 세지면서 부자 나라인 미국도 골머리를 앓고 있습니다. 실제로 2005년 허리케인 '카트리나'가 강타하자 한순간에 수백 명이 사망하고, 수

천 명이 집을 잃은 난민 신세가 되었어요. 이후에도 하비, 아이다, 샌디 등 수많은 허리케인이 거의 매년 미국 남부를 강타하는 바람에 인명과 재산 피해가 이만저만이 아니지요.

그렇지만 아무래도 발등에 더 불이 떨어진 것은 가난한 나라들입니다. 피해가 생겼을 때 이를 감당할 재정이나 인프라가 부족하니까요. 기후 변화의 피해는 강자에게는 약하지만 약자에게는 강한 '강약약강'의 모습을 띱니다. 세상 억울하게도 가난한 나라들은 전 세계 온실가스 배출량 510억 톤 중 미미한 부분만 차지하고 있어요. 미국이나 중국에 비하면 발톱의 때만큼 온실가스를 배출하는데도 존재 자체의 위기를 겪는다는 게 얼마나 억울하겠어요? 몰디브에서는 이런 상황을 알리고자 몇 년 전 일종의 퍼포먼스를 보여줬는데, 각료 회의를 할 때 사람들이 모두 잠수복을 입고 바닷속에 들어가 회의를 진행했습니다. "우리 지금 이만큼 심각해! 기후 위기 어떻게 좀 해 보자!"라고 다른 나라들에게 SOS를 청하는 것이나 다름없지요.

선진국과 개발도상국의 불평등은 예전부터 계속 지적되어 온 사항입니다. 툭 까놓고 말해서 지구가 이 지경이 된 건 선진국 때문인데, 피해는 다 같이 받게 되니 불공평하기 짝이 없지

기후 위기로 발생하는 기후 난민

요. 게다가 재난 방지 시스템도 잘 갖춰져 있고, 피해자를 구제할 자금도 빵빵하게 갖춘 선진국과 달리, 저개발국들은 기상이변이 닥치면 그저 당하고만 있어야 합니다.

선진국과 개발도상국 간의 불평등만 문제가 아닙니다. 같은 부자 나라 국민이라도 기후 변화는 가난한 사람에게 훨씬 더

가혹합니다. 왜냐고요? 날이 더워지면 우리는 뭘 하나요? 에어컨 리모컨으로 손이 갑니다. 그러나 가난한 사람들은 에어컨이 아예 없거나, 있더라도 냉방비 걱정 때문에 쉽게 사용하지 못합니다. 살고 있는 집도 단열이 잘 되는 비싼 자재로 지어진 것이 아니다 보니 실내가 훨씬 더 덥고요. 똑같은 더위라도 가난한 사람들에게 더 지독하겠죠. 이와 비슷하게, 남녀 성 불평등이 심한 국가에서는 여성에게 기후 변화의 피해가 더 심각하다는 연구 결과도 있습니다. 기후 위기로 식량이나 물이 부족해지거나, 홍수 등 재난으로 위험이 닥치면 남성보다 여성이 항상 뒷전인 사회적 분위기 때문이죠. 이처럼 기후 변화는 사회에 원래 존재하던 불평등을 더 후벼 파서 아프게 한답니다.

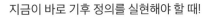

지금이 바로 기후 정의를 실현해야 할 때!

기후 위기에 더 취약한 약자를 지켜주는 '기후 정의'

이런 문제를 좀 어려운 말로 '기후 정의climate justice'라고 부릅니다. 기후 위기는 인류의 위기지만 다 똑같은 피해를 받는 건 아닙니다. 그래서 우리는 그 안에서도 평등, 공정, 정의를 잊어서는 안 됩니다. 사실 여러분 같은 미래 세대도 불평등의 피해자라는 사실을 잊지 마세요. 윗세대가 초래한 기후 변화 때문에 여러분의 미래가 위협받고 있는 거니까요. 항상 약자를 생각하는 여러분이 되길 바랍니다.

지구, 아직 망하지 않았습니다!

자, 지금까지 이 책을 통해 기후 변화가 진짜로 일어나고 있는지, 기후 위기의 원인은 무엇인지 함께 알아보았습니다. 왜 알면서도 오랫동안 해결하지 못했는지, 앞으로 어떻게 하면 해결할 수 있을지도 함께 고민해 보았고요. 결코 쉬운 일이 아니고, 아마 완전히 해결할 수 없을지도 모릅니다. 앞에서 언급한 바와 같이 미국 항공우주국NASA의 한 과학자는 2023년의 불타는 여름이 "앞으로 남은 인생에서 겪을 여름 중 올해가 가장 시원한 여름"으로 기록될 것이라고 했답니다. 늘 올여름이 가장 시원하다니, 이를 어떡하면 좋죠?

지구의 운명은 여러분의 손에 달려 있습니다

하지만 다행히도 변화는 이미 일어나고 있습니다. 세계에너
지기구IEA에 따르면, 2025년 세계에서 전력을 가장 많이 생산
하는 연료는 화석 연료가 아니라 재생에너지가 될 것이라고 합
니다. 물론 전력 생산만 따로 놓고 본 것이지만요. 더디지만 변
화는 일어나고 있다는 말입니다. 최근 세계에서 판매되는 자동
차 7대 중 1대는 전기 차라는 통계도 나왔어요. 우리가 그리는
미래로 한 발짝씩 다가가고 있습니다.

그렇다고 긴장을 쉽게 놓아 버릴 수도 없습니다. 2022년 한 해 동안 세계 각국의 정부들이 화석 연료 산업에 지급한 보조금만 1조 달러가 넘는데, 역사상 최대 규모라는 사실이 드러났거든요. 겉으로는 기후 위기를 운운하면서 뒤로는 경제적 이유를 들어 화석 연료 산업을 밀어주고 있었다니, 가슴이 답답해지는 일입니다. 이처럼 현 상황에서는 희망의 빛도 실망의 그림자도 공존합니다.

어찌 됐든 남은 것은 여러분의 몫입니다. 안타깝고 미안하지만, 미래 세대는 꽤 더워진 세상에 적응하며 살아가야 해요. 그나마도 다행인 것은 G20 국가들의 청소년 70퍼센트는 기후 변화를 세계의 비상사태라고 인지하는데, 이는 기성세대보다 훨씬 높은 비율이라고 합니다. 한국에서도 기후 위기를 체감하고 있다는 청소년이 성인의 2배에 달해 어른들이 굳이 잔소리하지 않아도 될 것 같습니다. 다만 여러분은 '모두 함께' 살아가야 한다는 사실만 알았으면 좋겠습니다. 약자와 강자를 비롯한 모든 인간, 그리고 멸종 위기에 처한 수많은 동식물까지도 말이에요.

최근 출간된 OECD 보고서에 이런 말이 나옵니다.

"학생들은 지금은 비록 인구의 작은 일부에 불과하지만, 우리 미래의 100퍼센트다."

함께 살아가는 지구, 아직 망하지 않았습니다.

99

토론거리

기후 불평등의 사례를 생각해 봅시다. 어떻게 하면 이를 극복할 수 있을까요? [예: 저소득층 냉방비 지원 등]

|부록|

온라인 세상에는 게임과 유튜브만 있는 게 아니죠. 유용한 정보도 얼마나 많은지 모릅니다. 여기서는 여러분이 쉽게 접근할 수 있는 몇 가지 온라인 리소스 링크를 공유해 볼까 해요. 보고서를 쓰거나 조별 과제를 하거나, 아니면 그냥 잘난 척을 하고 싶을 때 잘 이용해 보길 바랍니다.

1. 지구가 진짜 더워지고 있는 건지 궁금하다면?

1) 기상청 기후 정보 포털 (http://www.climate.go.kr/home/)

지역별 기후 변화 전망, 기후 용어 사전, 법령 등 여러 정보가 있어요.

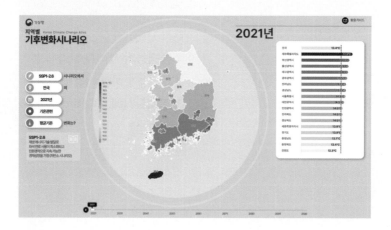

2) 미국 항공우주국 세계 기후 변화 센터 (https://climate.nasa.gov)

영어로 된 페이지지만 한눈에 전 지구의 변화를 볼 수 있어 추천해요.

변화를 한눈에 볼 수 있는 이미지와 영상을 다양한 각도에서 제공할 뿐

아니라, 미국 항공우주국NASA 자료이기 때문에 그 자체로 권위가 있

어 숙제에 인용하기도 좋지요.

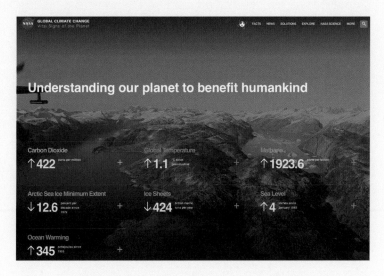

미국 항공우주국 Global Climate Change 홈페이지

2. 내가 생성하는 탄소 발자국이 얼마나 시커먼지 알고 싶다면?

1) 한국 기후환경네트워크 탄소 발자국 계산기
(https://www.kcen.kr/tanso/intro.green)

탄소 발자국을 쉽게 계산할 수 있어요

전기, 가스, 수도, 교통 등 4가지 항목을 입력하면 가정의 탄소 발자국을 계산해 줘요. 생활 속에서 어떻게 탄소 발자국을 줄일 수 있는지도 볼 수 있습니다.

2) 학생 및 교사용 탄소 발자국 계산기

(https://8billiontrees.com/carbon-calculator/)

앞의 도구도 훌륭하지만, 사실 학생들 입장에서 집에서 전기를 몇 kWh 나 썼는지 알기는 어렵게 마련이죠. (어른이 되어도 잘 모르는 사람들 도 많은걸요.) 그래서 단순하게 사는 지역과 가족 구성원의 수, 생활 습 관 등을 입력하기만 해도 대략적인 탄소 발자국을 계산해 주는 사이트 도 있답니다. 단점은 영어라는 건데, 영어 독해 공부(?)를 하는 셈치고 이용해 볼 수 있겠죠?

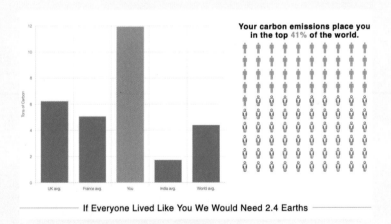

8 Billion Trees 웹사이트의 학생용 탄소 발자국 계산기 결과 화면

3. 정부의 정책에 따라 달라지는 게 있기나 한지 의심이 든다면?

1) Climate Action Tracker (https://climateactiontracker.org)

우리나라의 다양한 기관에서도 홈페이지를 통해 관련 정책을 공개하고 있지만, 읽어 봐도 무슨 말인지 알쏭달쏭한 경우가 많습니다. 2009년부터 전 세계 국가들의 기후 정책을 수집해 비교하는 기후 행동 트래커Climate Action Tracker는 좀 더 직관적으로 정부의 기후 정책을 볼 수 있는 도구입니다.

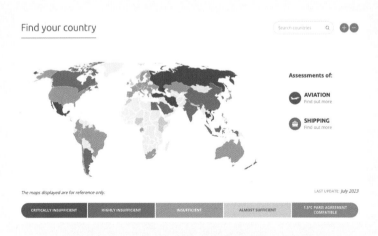

전 세계에서 충분히 적극적인 국가를 표시하는 초록색은
아예 찾아볼 수가 없네요

2) 기후 시뮬레이터

(https://en-roads.climateinteractive.org/scenario.html?v=23.8.0)

우리의 노력에 따라 지구의 기온 상승이 얼마나 달라질 수 있는지 볼 수 있는 게임 같은 시뮬레이터 툴도 있습니다. EN-ROADS라는 이 온라인 툴은 MIT와 Climate Interactive라는 기관에서 함께 개발했는데, 마치 게임에서 여러 스펙을 변경시켜 다른 결과를 만드는 것과 비슷하게 이용할 수 있어요.

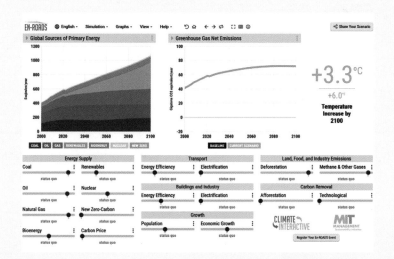

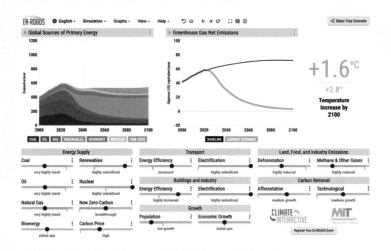

위 그림을 보면, 지금과 같은 상황이라면 2100년에 3.3도까지 치솟을 기온이, 여러 가지 노력을 통해 1.6도까지 낮출 수 있단 걸 알 수 있죠.

4. 다 필요 없고 그냥 누워서 웹툰이나 보고 싶다면?

1) 기후 변화 그림일기

(https://comic.naver.com/webtoon/list?titleId=789038)

영어도 읽기 싫고 심각한 것도 싫다는 당신에게! 그냥 휴대폰으로 웹툰이나 스크롤하는 방법도 있습니다. <기후 변화 그림일기>는 그린피스의 브랜드 웹툰이긴 하지만 쉽게 쉽게 풀어서 그려낸 웹툰입니다. 몇 화안 되니 한 번씩 클릭해서 읽어 보세요.

<기후 변화 그림일기> 중에서

2) 인스타툰 <기후 위기 인간>

(https://www.instagram.com/climate.human/)

어느덧 출간까지 된 이 작품! 일상에서 마주하게 되는 기후 위기의 여러 면모를 생각해볼 수 있어 좋아요.

인스타툰 <기후 위기 인간> 중에서

맺음말

'5세에서 22세까지'의 사람들을 생각해 보세요. 어린이와 청소년, 이제 막 성인이 된 어린 나이인데요. 별다른 힘이 없을 것 같은 이런 나이의 젊은이들 16명이 이번에 큰일을 냈습니다. 무슨 말이냐고요? 2023년 8월, 이들이 미국 주 정부를 상대로 소송을 해서 이겼기 때문이에요.

미국의 50개 주 중에서 '몬태나'라는 주는 석탄과 천연가스 등 화석 연료로 에너지의 1/3가량을 얻고 있습니다. 기후 위기는 나날이 심각해지는데도 매번 화석 연료 개발 사업이 주 정부의 인가를 받는 것을 지켜보던 청소년들은 불만을 가졌고, 정식으로 법적인 소송을 제기하기에 이릅니다. 원고는 5~22세의 젊은이들이고, 피고는 몬태나주 정부였죠. 그리고 법원은 원고의 손을 들어 줍니다. 원고는 "깨끗하고 건강한 환경에 관한 근본적인 헌법적 권리를 갖고 있다"는 논리였어요.

실제로 몬태나주의 주 헌법에는 이러한 권리를 명시하고 있으며, '주 정부와 개인들은 현재와 미래 세대를 위해 환경을 유지하고 개선할 책임이 있다'는 문구가 있다고 해요. 그러니 주 정부가 기후 위기를 신경 쓰지 않고 화석 연료 개발 사업을 진행하도록 허락한 것은 위헌이라고 볼 수 있단 거죠.

주 정부는 이에 굴복하지 않고 이 재판을 주 대법원까지 가지고 간다고는 하지만, 어쨌든 이번 판결은 전 세계의 기후 운동가들이 '획기적인 판결'이라며 두 손 들고 환영했답니다. 2000년대 초반만 해도 거의 찾기 어려웠던 기후 위기 관련 소송은 최근 10년 사이 폭발적으로 증가하고 있습니다. 특히 몬태나주의 사례는 미래의 주역인 청소년들이 얼마나 기후 위기를 심각하게 받아들이고 있는지 잘 보여 주죠. 뿐만 아니라 실제로 엄청난 변화를 이끌어 낼 힘이 있다는 사실도요.

국내에서도 청소년 환경 단체 '청소년기후행동'이 현행의 법과 제도가 청소년들의 기본권을 기후 변화로부터 보호하기에 부족하다는 이유로 2020년 헌법 소원을 내기도 했습니다. 2023년, 제기된 지 3년이 지나도 판결이 나지 않자 소송 당사자들은 신속한 판결을 촉구하는 기자 회견을 열기도 했죠. 기성세대에서도 이를 지지했는데, 법조인 200여 명이 이들을 지지하는 뜻을 밝혀서 화제가 되었습니다.

이처럼 청소년들은 기성세대가 짜 놓은 틀에 맞춰 수동적으로 키워지는 존재가 아닙니다. 스스로 생각하고, 비판적으로 사고하고, 행동할 줄 아는 존재입니다. 거창하게 법적인 소송까지 가야만 행동력이 있는 건 아닙니다. 기후와 환경 위기에 대한 책이나 유튜브를 보고, 친구에게 링크를 공유하며 톡을 나누고, 집에서 엄마에게 슬쩍 실천 방안을 제안하는 것도 충분히 훌륭한 거예요. 그림을 좋아하는 친구라면 웹툰을 끼적일 수도 있고, SNS를 좋아하는 친구라면 포스팅을 올릴 수도 있을 거예요.

모든 것은 '나'로부터 시작하고, 여러분이라는 '나'가 모여 진짜 변화를 이루어 냄을 잊지 마시기를 바랍니다.

10대 이슈톡_06

이제 지구는 망한 걸까요?

초판 1쇄 발행 2023년 9월 25일

지은이 윤정훈
펴낸곳 글라이더 **펴낸이** 박정화
편집 박일귀 **디자인** 유지연 **마케팅** 임호

등록 2012년 3월 28일 (제2012-000066호)
주소 경기도 고양시 덕양구 화중로130번길 32 파스텔프라자 609호
전화 070) 4685-5799 **팩스** 0303) 0949-5799
전자우편 gliderbooks@hanmail.net
블로그 https://blog.naver.com/gliderbook
ISBN 979-11-7041-129-1 (43330)

ⓒ 윤정훈, 2023